◇ 国家自然科学资金项目"基于决策神经科学的风险决策与含糊决策机理比较研究"（71071135）

◇ 国家自然科学资金项目"基于精细加工可能性模型的 P2P 网络借贷信任形成机理与作用机制研究"（71471163）

◇ "浙江大学双脑计划交叉创新团队"

◇ 本书受浙江大学管理学院出版资助

神经管理学
系列丛书

BRAIN AND MANAGEMENT
DECISIONS

EMOTION, SOCIAL DISTANCE AND
LOSS AVERSION

脑与管理决策

情绪、社会距离和损失厌恶

孙昊野　汪　蕾◎著

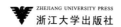

ZHEJIANG UNIVERSITY PRESS
浙江大学出版社

图书在版编目（CIP）数据

脑与管理决策：情绪、社会距离和损失厌恶 / 孙昊野，汪蕾著. — 杭州：浙江大学出版社，2019.12
（神经管理学系列丛书）
ISBN 978-7-308-19959-9

Ⅰ.①脑… Ⅱ.①孙… ②汪… Ⅲ.①风险决策—研究 Ⅳ.①F069.9

中国版本图书馆 CIP 数据核字（2020）第 012682 号

脑与管理决策：情绪、社会距离和损失厌恶

孙昊野　汪　蕾　著

策划编辑	陈佩钰
责任编辑	陈思佳
责任校对	杨利军　黄梦瑶
封面设计	棱智广告
出版发行	浙江大学出版社
	（杭州市天目山路148号　邮政编码310007）
	（网址：http://www.zjupress.com）
排　　版	杭州朝曦图文设计有限公司
印　　刷	浙江省邮电印刷股份有限公司
开　　本	880mm×1230mm　1/32
印　　张	7.625
字　　数	168千
版 印 次	2019年12月第1版　2019年12月第1次印刷
书　　号	ISBN 978-7-308-19959-9
定　　价	58.00元

目　录

第四部分 社会距离影响损失厌恶的实验研究

概念介绍

引　言

　　传统的理性决策理论认为人是理性的,在决策时总是会以最大化自身收益作为基本的准则,然而学术界和现实生活中往往总能观察到这样那样的非理性"异象"。决策理论的发展并非从一开始就关注到了人的非理性,反而是在很长一段时间内都以"人是理性的"作为一系列决策理论发展的不可撼动的前提条件。直到关于理性决策假设的悖论逐渐浮现,人们才开始从理性人的源头对决策理论进行重新审视。那么,决策理论究竟是怎样一步步从古典经济学理论发展为行为经济学理论的呢?神经科学又将与决策理论擦出怎样的火花?本书的第一部分将回顾决策科学的发展历程,揭示不确定性决策研究的前沿。

　　不确定性决策一直是决策科学研究的热点。这是因为不确定性决策存在多种概率未知的可能结果,因此无法用标准化的方法进行求解。也正是这种"不确定性",使得决策者的主观认知在决策中起到了至关重要的作用。情绪是一系列主观认知经验的通称,情绪也被发现是影响个体不确定性决策偏好的重要因素。然而情绪包含哪些维度呢?情绪又是如何影响不确定性决策的呢？本书的第二部分将从大脑决策加工的角度揭开情绪的神秘面纱。

风险决策是不确定性决策的一类。风险决策中的损失厌恶作为一种非理性偏差引起了经济学、管理学、认知神经科学等领域的广泛关注。而互联网发展所推动的人际互动和社会化影响使得人们不仅要进行自我决策，有时还需要为他人做出决策（提供建议）。那么决策者与"他人"之间的社会距离是否会影响决策时的损失厌恶程度？社会距离影响损失厌恶的感知加工机制又是怎样的？本书的第三、第四部分将分别通过由浅入深的理论梳理和生动有趣的实验研究，从理论和实证层面探索社会距离与损失厌恶之间的关系，从更深层面探究不确定性决策的机制。

综上，本书试图从不确定性决策研究的最前沿入手，通过系列研究，阐述情绪、社会距离在不同类型不确定性决策以及决策不同阶段的作用，尤其是社会距离对损失厌恶的影响及作用机制。本书是作者及其团队在该领域最近十年探索的一个小结。

第一部分　决策的 研究视角①

---

① 本书第一部分中的部分内容已发表在《经济学家》和《东南大学学报(医学版)》期刊上。汪蕾,林志萍,马庆国,2009.神经经济学:经济决策研究的新视角[J].经济学家,3(3):97-99;汪蕾,沈翔宇,林志萍,2010.基于决策神经科学的风险决策与含糊决策研究进展.东南大学学报(医学版),(4):35.

决策理论经历了由基于金额和概率的期望价值理论,到基于主观评价的期望效用理论,再到将人的非理性纳入考虑的前景理论的发展历程。决策理论的发展是一个不断进步和革新的过程,这个过程体现了学者们对决策过程的认识的不断加深及理解的不断全面。在本书的第一部分,我们将通过综述期望价值理论、期望效用理论以及前景理论,全面阐释风险决策理论的发展过程及其取得的进展,对不确定性决策进行深入剖析。我们还将通过介绍决策神经科学通过探测大脑如何工作,探索不确定性决策研究的前沿。

第一章　决策科学发展概述

所谓决策,即人们从多种备择方案或事件中做出选择。而偏好,则是人们对不同方案或事件状态进行价值与效用上的辨析。因此,决策与偏好紧密相关,共同构成了人类一切经济行为的起点。古典经济学假设人是理性经济人,并认为决策者的偏好是固定不变的,遵循贝叶斯理性,能够稳定地按效用大小对具有不同重要性的各种结果做出安排;在此基础上,理性决策者对可能发生事件的概率做出估计,进而对其决策产生的后果做出预测,最后对所有可能的信息进行分析处理,以做出自我利益最大化的抉择。这种完全理性的决策理论植根于冯·诺依曼和摩根斯坦于1944年提出的期望效用(expected utility,EU)理论(汪蕾等,2009),以及萨维奇于1954年在此基础上建立起来的主观期望效用(subjective expected utility,SEU)模型。

然而,我们看到很多现实情况,它们偏离了基于EU理论和SEU模型建立起来的基准规范,并且这些偏差各不相同。这一事实,导致了在过去数年里经济学者对传统模型的大量修正与完善,并由此产生了大量新模型。它们相互竞争,都试图给出对于面对风险与不确定性时个体行为的完美描述(叶航、汪丁丁、贾拥民,2007)。然而本质上,它们仍然建立在现代经济学的"as if"理性假设基础上。

行为经济学引入大量心理学研究成果对古典经济学的基本假设进行修正,将复杂的非理性人类行为融入标准的经济理论之中。行为经济学的基础研究集中在决策领域,并主要研究判断(judgment)和选择(choice)两类问题。它认为,每一个现实的决策行为人都不是完整意义上的理性人,他们的决策行为不仅受到自身固有的认知偏差的影响,同时还会受到外部环境的干扰。在决策判断过程中,决策者的启发式思维、心理框架和锚定效应往往发挥着决定性作用;而在决策选择过程中,对问题的编辑性选择、参考点、风险厌恶和小概率效应也会发生关键性影响(饶育蕾、张轮,2005)。卡内曼、斯洛维奇和特沃斯基在其被誉为"不确定状况下的判断研究领域的圣经"的《不确定状况下的判断:启发式与偏差》中,研究了人类行为与投资决策经典模型的基本假设相冲突的三个方面,即风险态度、心理账户和过度自信,并将观察到的现象(诸如代表性直觉、易得性直觉、锚定与调整之类)称为"认知偏差"(Kahneman、Slovic、Tversky,1982)。

决策科学是管理科学的核心领域之一,认知神经科学与决策科学的交叉融合必将带来全新的决策神经科学(马庆国、王小毅,2006b)。20世纪90年代被美国精神卫生研究所和国立卫生研究所称为"脑科学的十年"(Shiv et al.,2005)。随着脑科学和认知神经科学的迅速发展,神经科学研究工具被成功地应用于观察决策现象,由此在决策领域展开了一系列热点研究,如决策的奖惩系统(Knutson et al.,2001;Paulus et al.,

2003），决策效用、期望效用和预期效用（Knutson et al.，2005；Tom et al.，2007；Yu、Zhou，2006a），决策与公平（Sanfey et al.，2003）等，取得了一系列前沿进展。

2002年，弗农·史密斯在其诺贝尔经济学奖的得奖发言中提到，新的脑成像技术推进了神经科学在经济学研究中的发展，它可以研究大脑活动的内在规律，包括市场与规制调节下人类决策规律（马庆国、王小毅，2006b）。2005年，巴巴·希夫、安托万·贝沙拉等学者首次在 *Marketing Letters* 上提出"决策神经科学"（decision neuroscience）概念（Shiv et al.，2005）。2007年，艾伦·G.桑菲在 *Current Directions in Psychological Science* 上发文，探讨了在判断与决策领域，决策神经科学的研究方向（Sanfey，2007）。

作为一门新兴的交叉学科，决策神经科学通过探测大脑如何工作，为决策理论寻找更深层的基础。一些学者，如卡莫勒、勒文施泰因、普雷莱茨、黑斯蒂、道斯、梅勒等预言下一个令人兴奋的决策前沿研究将会出现在神经科学领域（Camerer、Loewenstein、Prelec，2005；Hastie、Dawes，2010；Mellers，2000）。由此可见，对决策神经科学领域的探索已成为当前决策研究的最新前沿主题之一。

从个体决策行为的研究发展趋向来看，在早期的研究当中（尤其是在经济学领域和社会学领域），人们普遍从行为层面来探究个体在特定的现实情境下如何做出决策。随着研究的不断深入，研究视角开始从行为层面延伸到心理和认知层面，并最终递进到从生理层面来分析和给出个体决策行为的更底层的机制（汪蕾、沈翔宇、林志萍，2010）。

第二章　古典经济学的理性决策理论

　　古典经济学认为人是理性的经济人,它假定决策者的偏好是固定不变的,遵循贝叶斯理性,并且能够稳定地对具有不同重要性的各种结果按效用大小做出安排;在此基础上,理性决策者对可能发生事件的概率做出估计,接着对其决策产生的后果做出预测,最后对所有可能的信息进行分析处理,并做出使得自我利益最大化的最优抉择。这种完全理性的决策理论植根于期望效用理论。期望效用理论作为不确定情境下个人决策的规范理论框架,认为决策者能够选择使得最终财富状态的期望效用最大的方案。期望效用理论的前身是期望价值理论,该理论指出人们在做决策时所遵循的是价值最大化的基本原则。在本章中,我们将对期望价值理论、期望效用理论的演化过程及其面临的挑战进行全面的阐述。

第一节　期望价值理论

　　期望价值理论(expected value theory)早在17世纪就已经

被提出,该理论认为期望收益等于各个可能出现的金额与概率的乘积之和,其代数表达为:

$$EV = \sum_{i=1}^{n} p_i \times x_i。$$

其中,i 为可能出现的结果,p_i 为该结果出现的概率,x_i 为该结果所对应的具体金额(Todhunter,1949)。

圣彼得堡悖论(St. Petersburg Paradox)成了期望价值理论被否定的转折点。圣彼得堡悖论指出:如果一个人在掷硬币过程中,每一次掷到反面都可以再掷一次,而每次掷到正面则会得到 2^{n-1}(n = 次数)元的收益,当他得到收益后游戏便结束。根据期望价值理论,参与该游戏所得的期望值(EV)为:

$$EV = \frac{1}{2} \times 1 + \frac{1}{4} \times 2 + \frac{1}{8} \times 4 + \frac{1}{16} \times 8 + \cdots$$
$$= \frac{1}{2} + \frac{1}{2} + \frac{1}{2} + \frac{1}{2} + \cdots = \infty。$$

但事实证明,没有人愿意用无限多的时间去参与这个期望价值为正无穷的游戏(Samuelson,1977;王首元,2017)。丹尼尔·伯努利为圣彼得堡悖论提供了解答:期望价值理论的局限性在于,认为个人会依据客观价值最大化的标准做出决策;而他认为影响人们决策行为的并不是客观价值,而是人们对客观价值的主观评估,并将“效用”的概念引入风险决策中(Bernoulli,1954)。自此,基于对客观价值的主观评估的期望效用理论应运而生。

第二节　期望效用理论

(一)期望效用理论概述

1738年,丹尼尔·伯努利在解释圣彼得堡悖论时指出了以客观价值预测决策的局限性,并将效用的概念引入决策中。1944年,冯·诺依曼和摩根斯坦在期望价值理论的基础上提出了期望效用理论(expected utility theory),作为人在进行选择时所采用的分析框架(Von Neumann、Morgenstern,1944)。由于无法用金钱量化的选项也可以用"效用"表达,因此期望效用理论不会局限在与金钱相关的决策问题,而可以被广泛地应用到更多的决策领域中。该理论的构建基于信息是完全的,以及人是理性的两项基本假设。期望效用(EU)的函数化表达为:

$$\text{EU} = \sum_{i=1}^{n} P_i \times U(x_i)。$$

其中,i为具体选项,P_i为该选项出现的概率,$U(x_i)$为该选项所带来的效用。

期望效用认为面多对个选择时,理性人会选择具备最大效用的选项。在期望理论中,冯·诺依曼和摩根斯坦为个人偏好确立了如下的公理:

抵消性(cancellation)认为结果相同的选项可以抵消,而仅靠分析比较结果不同的选项即可做出选择。比如说,假设给定选项 X 优于选项 Y 的前提,则以概率 P 得到 X,以概率 $1-P$ 得到 Z,一定优于以概率 P 得到 Y,以概率 $1-P$ 得到 Z。这是因为在两种选择中都有以概率 $1-P$ 得到 Z,因此可以抵消,仅留下选项 X 和 Y 的比较。

传递性(transitivity)认为个人对不同选项的偏好是可以传递的。如果对选项 X 的偏好强于选项 Y,对选项 Y 的偏好又强于选项 Z,则可以推导出个人对 X 的偏好强于对 Z 的偏好。

占优性(dominance)认为如果选项 X 有时优于选项 Y,有时和 Y 一样,也就是说选项 X 永远不比选项 Y 差,则个人在面临选择时只会选择选项 X。

无差异性(invariance)认为对同种结果的不同描述方式,不会影响个人的偏好和选择。

上述四个公理是期望效用理论成立的前提,所以其中任何一项公理的不成立都会导致期望效用理论的不合理性。

(二)期望效用理论面临的挑战

行为经济学家认为信息是完全的和人是理性的这两个假设在现实生活中是很难实现的(边慎、蔡志杰,2005)。以"理性人"假设为背景建立起的期望效用理论往往不能解释现实生活中存在的一些与之相悖的"异象",如阿莱悖论(Allais Paradox)(Allais,1953)等。

阿莱悖论包含两组实验操纵,在第一组实验中,被试被要求从下列两个选项中选出一个他们认为更优的:

A:以 100% 的概率得到 100 万美元;

B:以 10% 的概率得到 500 万美元;以 89% 的概率得到 100 万美元;以 1% 的概率得到 0 美元。

在第二组实验中,被试仍需选择两个选项中更优的:

C:以 11% 的概率得到 100 万美元;

D:以 10% 的概率得到 500 万美元;以 90% 的概率得到 0 美元。

实验结果显示,在第一组实验中,被试者更倾向于选择 A,根据期望效用理论的代数表达可以得出 $U(100) > 0.1U(500) + 0.89U(100) + 0.01U(0)$。根据期望效用理论的抵消性公理,可得:$0.11U(100) > 0.1U(500) + 0.01U(0)$。但在第二组实验中,被试更倾向于选择 D,即 $0.11U(100) < 0.1U(500) + 0.01U(0)$,与第一组实验的结果相矛盾,这违背了期望效用理论的无差异性公理。

阿莱悖论的提出对期望效用理论产生了极大的冲击,部分学者开始重新审视"理性人"的假设,并致力于提出新的风险决策理论(季爱民,2007)。而其中,丹尼尔·卡内曼和阿莫斯·特沃斯基在其于 1979 年发表的论文中报告了许多与期望效用理论不一致的结果,证明了人们决策时的有限理性,并强调心理学对决策行为的影响,最终提出前景理论,将风险决策理论发展推向巅峰(黄淳、于泽、李彬,2005)。

第三章　行为经济学的决策理论

　　1890年问世的阿尔弗雷德·马歇尔的《经济学原理》是新古典主义经济学的杰出代表。整个20世纪,经济学家或者说理论经济学家的主要工作,就是不断完善这个建立在"理性"范式上的逻辑体系(Rustichini,2005)。当代的决策理论迄今为止,仍然依赖于那种对人类行为建模的"as if"假设模型(叶航、汪丁丁、贾拥民,2007)。但由于人的思维模式不可能完全符合数理逻辑的演绎方法,用规范性理论来解释决策行为会出现许多行为悖论,如著名的阿莱悖论(Allais Paradox)和埃尔斯伯格悖论(Ellsberg Paradox)。行为经济学借鉴大量心理学的研究成果来研究个体经济行为,它认为人们在实际的决策行为中,其选择偏好并不满足"理性人"假设,而是存在着诸多"非理性"的局限(汪蕾、林志萍、马庆国,2009)。因此,行为经济学引入大量心理学的研究成果对古典经济理论的基本假设进行修正,将复杂的非理性人类行为融入标准的经济理论之中,形成了前景理论、含糊决策等主要思想。

　　前景理论认为在决策时,人们通常不是从总财富的角度,而是从收益和损失的角度考虑问题。与期望效用理论相比,它存在以下差异:第一,个体在收益和损失情境中,对风险的偏好是不同的;第二,价值的载体是财富或福利的变化而不是其最终状态,并且这种变化根据对参考点的偏离程度来定义,决策行为随着参考点的变化而变化;第三,前景理论认为偏好是"决策权重"的一个函数,这些权重并不总与概率相对应,它常常会强调小概率事件而忽视一般或大概率事件,这被称为"非线性的概率权重"(Kahneman、Tversky,1979)。

第一节　前景理论概述

丹尼尔·卡内曼和阿莫斯·特沃斯基通过一系列的行为实验,揭示了个人行为的非理性特征,并建立了行为经济学中的重要理论——前景理论(prospect theory)(Kahneman、Tversky,1979)。该理论从认知心理学的角度出发,通过将心理学引入经济管理问题中,描述和预测人们在风险决策中的判断与决策过程,证明了人的有限理性特征,解释了人们在消费、投资、储蓄、公共决策等方面存在的系统性偏差,对经济学的基本假设以及后续发展产生了具体的影响。丹尼尔·卡内曼也凭借该理论获得了2002年的诺贝尔经济学奖。

前景理论认为,个人的风险决策过程包含两个阶段,一是对已有信息的编码、加工、整合的预处理,二是对预处理后的信息进行的价值评估与判断(Kahneman、Tversky,1979;Tversky、Kahneman,1992)。

第二节　价值函数和权重函数

前景理论的核心是价值函数和权重函数。该理论指出人们在决策时,通过比较各个可能选项的效用来进行选择。价值函数具体可以被表达为相对损失值或收益值所带来的心理效用与感知概率的乘积。

价值函数描述了损失值和收益值对决策者产生的心理效用。价值函数被描述为 S 型曲线(图 3.1,左),具体表现为:在收益域是凹函数,而在损失域是凸函数;随着损失值和收益值的增加,边际效用递减,这种现象被概括为"敏感性递减";S 型曲线的拐点,即决策的参考点,意味着在决策者决策时起作用的并不是损失与收益的绝对值,而是相对于参考点而言的相对变化值,这种特征被总结为"参考点依赖";价值函数在损失域比在收益域更加陡峭,这说明了与收益相比,等量损失产生的心理效用更大,即决策者对损失更加敏感,这种现象被定义为"损失厌恶"。

在卡内曼、特沃斯基的实验中:84% 的人选择确定性地得到 500 美元,而不是以 50% 的概率得到 1000 美元,以 50% 的概率得到 0 美元;在面临损失时,只有 31% 的人选择确定性地失去 500 美元,而更多人愿意以 50% 的概率失去 1000 美元,以 50% 的概率失去 0 美元。总之,价值函数的 S 型曲线说明了决策者在收益域和损失域的风险态度,即决策者在收益域是风险规避的,在损失域是风险偏好的,且对损失比对收益更加敏感,具有损失厌恶的特点(Kahneman、Tversky,1979)。

　　权重函数描述了决策者对概率的主观感知。权重函数指出,主观感知概率(或决策权重)是概率的增函数,感知概率呈现出在小概率下感知概率大于实际概率本身,但在大概率下感知概率小于实际概率本身的特点(图3.1,右)。例如,特沃斯基、卡内曼指出:确定得到100,与以71%的概率得到200,以29%的概率得到0有同样的吸引力;而确定性地失去100,与以64%的概率失去200,以36%的概率失去0一样令人厌恶(Tversky、Kahneman,1992)。

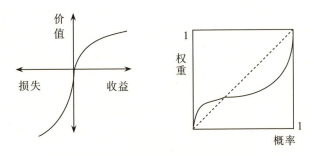

图3.1　前景理论中的价值函数和权重函数

　　图片来源:Kahneman D, Tversky A, 1997. Prospect theory: an analysis of decision under risk [J]. Econometrica: journal of the econometric society:263-291,由作者整理翻译。

　　总之,前景理论的价值函数具有在收益域上是凹函数,在损失域上是凸函数,且相比于收益域,价值函数在损失域上更加陡峭的特点。权重函数作为概率的增函数,具有非线性的特点,描述了在主观感知概率上,小概率往往被高估而大概率则往往被低估的函数特点。

第四章　决策神经科学

第一节　决策与神经科学

神经科学是20世纪以来最重要的科学之一,神经科学通过研究大脑每个区域的活动差异和其他的线索,来阐述大脑组织的原理和功能,这在很大程度上改进了我们对大脑如何工作的已有认识。随着脑科学和认知神经科学的迅速发展和广泛应用,相应研究成果和研究工具被应用于决策科学领域,决策神经科学(decision neuroscience)应运而生。决策神经科学的概念最早由巴巴·希夫、安托万·贝沙拉等人于2005年提出(Shiv et al.,2005)。在最近几年,决策神经科学得到了快速迅猛的发展,神经科学与管理学、经济学、营销学等决策科学结合所形成的交叉学科也在大量涌现(马庆国、王小毅,2006b)。2000年,美国普林斯顿大学首次使用了"神经经济学"(neuroeconomics)的名称,此后,该学科取得了快速的发展。2006年,马庆国教授首次提出了神经管理学(neuromanagement)的概念,并建立了第一个神经管理学实验室(马庆国、王小毅,2006a;马庆国、王小毅,2006b)。马庆国教授指出,管理科学的核心领域是决策科学,而一切决策都是由人脑做出的。在管理科学中，对决策过程中脑信号的测量，将在原有的信息处理层面上，为决策过程提供新的信息，从而产生新的研究和发展空间，有助于研究者更深入和全面地了解管理情境下的个体行为特征、偏好与规律，从而帮助管理者制订更加行之有效的管理策略（李浩、马庆国、董欣，2016；周晓宏、马庆国、陈明亮，2009）。

首先，决策神经科学采用了一系列来自经济学和心理学的实验范式。这些实验范式凭借其精心的变量控制和巧妙的模型采用，帮助研究人员探究了大量从现实问题中抽象出的研究问题。实验范式的巧妙采用是决策神经科学成功的关键之一（Mobbs et al.，2018）。

其次，神经科学的引入不仅能够帮助研究者测量实际选择时的神经活动，也能记录决策前对选项的加工过程，以及决策后对反馈的分析处理机制。所以说，决策神经科学能够帮助研究者从各个阶段全面地解释人们的决策行为（Ariely、Berns，2010）。具体而言，认知神经科学在辨明决策机制、测量决策过程中的内隐加工过程、实现心理过程的分离、理解个体差异以及提高行为预测的准确度等五个方面都有着比传统管理学更为突出的优势（Plassmann et al.，2015）。里克更是在文章中特别指出认知神经科学对于深入研究决策这一概念的重要性（Rick，2011）。可以说，在没有认知神经科学技术之前，决策者的决策过程仿佛是一个黑箱，而随着认知神经科学的发展，决策者的大脑仿佛被放在透明的水族箱里一样，一切都清晰可见。

第二节　探究大脑决策加工过程的技术手段

以无损失方式研究大脑活动的技术主要分为记录脑信号空间感应磁场变化的成像技术和记录脑信号电压变化的技术。其中,第一类技术主要包括功能性磁共振成像(fMRI)、脑磁图(MEG)、近红外技术(fNIRS)等。这些技术往往具有较高的空间分辨率,但其时间分辨率并不理想。而第二类技术主要指事件相关电位(ERPs)技术。该技术具有极高的时间分辨率,但仅能收集大脑皮层上的电信号,而无法深入具体脑区,因此空间分辨率较低(马庆国、王小毅,2006b)。近年来可以通过溯源技术(localization)将皮层上的电信号与相应脑区相对应,在一定程度上弥补了事件相关电位技术低空间分辨率的不足。

目前,在上述测量大脑活动的技术中,功能性磁共振成像(fMRI)技术和事件相关电位(ERPs)技术的发展最为成熟,且得到了最为广泛的应用(马庆国、王小毅,2006b)。功能性磁振成像技术和事件相关电位技术都是刺激(包括视觉、听觉、触觉等物理刺激及非诱发的心理因素)在大脑中引起相应脑区活动的真实客观反映(Camerer、Loewenstein、Prelec,2005),不同的是,功能性磁共振成像技术通过分析刺激所导致的激活脑区的血氧水平依赖(BOLD)信号变化,记录各个脑区的协同过程,从而揭示实验任务中大脑对实验刺激的认知加工过程。事件相关电位技术则是通过比较不同实验条件下神经元放电的电位差所对应的脑电成分,解释脑电成分出现的时间以及脑电成分的意义,揭示对实验刺激的认知加工过程(表4.1)。

表4.1 探究大脑决策加工过程的技术手段:fMRI和ERPs的比较

项目	fMRI	ERPs
基础原理	脑部血流量及氧合血红蛋白的磁场变化;空间精确度高;扫描的时间为秒级,无法准确记录更短时间内的脑活动	脑区神经元放电;时间精确度高(可观察的变化为毫秒级);只能记录大脑编码电信号,难以精确溯源
实验环境	被试平躺在幽闭空间内,磁场强度大,心理压力大,重复实验次数少	环境安静普通,被试放松无压力,重复实验次数多
普及性	价格较高,不便普及;体积大,固定	价格较低,便于普及;体积小,可便携
成果易得性	容易得到活动脑区的图像结果	较难解释不同潜伏期出现的波峰

资料来源:马庆国、王小毅,2006.认知神经科学、神经经济学与神经管理学[J].管理世界,(10):139-149。

第三节 决策的神经功能学基础

认知神经科学引入大量神经科学的研究成果来探讨个体的经济行为,逐渐打开了其经济行为背后的"黑箱"。经济决策研究正日益对古典经济学的理性决策模型提出新的挑战。

神经科学家已经发现大脑的神经运行过程可以分为受控过程和自发过程。受控过程是连续的、需要付出努力的、被有意识激发的内省过程,而自发过程是快速并发的、无须激发的自动过程。根据处理问题方式的不同,神经运作过程还可分为情感过程(affective process)和认知过程(cognitive process)。情感过程是人决定去做或是不去做的过程,是一种行为的激发或回避过程。认知过程正相反,它是大脑对外部事务做出是或否的回答的过程。认知过程本身不能引发行动,它必须通过情感过程来影响人的行为(Camerer、Loewenstein、Prelec,2005)。因此,大脑的神经运作过程实际上是受控过程与自发过程、情感过程与认知过程的统一。并且,不同于其他执行系统,大脑的决策制订要求一个范畴很广的输入,它包含多模式的感官输入,基于先验经验、感觉和情绪反应的条件,以及对未来目标的预期。为了得到更合理的决策,大脑需要将这些输入物加以整合,使之与不确定性、期望以及结果相关,并有序地进行处理。决策制订的神经运作系统由高度复杂、紧密联系的回路组成。表4.2给出了一些与决策相关的大脑区域以及相应的功能分类。

表4.2 决策制订功能的大脑区域

大脑区域	子区域	功能
前额叶皮质	眶额叶皮质、腹内侧前额叶皮质、背外侧前额叶皮质、前扣带回皮质	激励收益、最优估计、逆向学习;操纵与决策相关的信息以及决策过程中的自觉考虑;工作记忆功能;不确定情境下的决策制订;认知冲突过程
杏仁核		奖赏识别;情绪感知
基底神经节	中脑边缘和中脑皮质多巴胺通路、前额叶5-羟色胺能通路	奖赏与成瘾以及它们的决策过程;强化学习驱动

资料来源:Gutnik L A, Hakimzada A F, Yoskowitz N A, et al., 2006. The role of emotion in decision-making: a cognitive neuroeconomic approach towards understanding sexual risk behavior [J]. Journal of biomedical informatics, 39(6): 720-736,作者整理翻译。

近年来,神经科学的研究发现决策制订的神经运作系统由高度复杂、紧密联系的回路组成。这个回路主要包括眶额叶皮质、腹内侧前额叶皮质、背外侧前额叶皮质、前扣带回皮质、杏仁核、中脑边缘以及中脑皮质多巴胺通路等,研究表明该回路的特定脑区对应不同类型的决策处理功能。例如:前扣带回皮质与认知冲突过程有关(Krawczyk,2002);腹内侧前额叶皮质区域通常与杏仁核、丘脑等处理情绪反应的结构密切相关(Tom et al.,2007);背外侧前额叶则与视觉和空间表征(例如楔前叶、顶叶)、计算程序(顶叶、小脑)以及执行过程(背外侧前额叶皮质)等高级认知功能有关(Sanfey et al.,2003);多巴胺神经元与预期奖赏偏离检测有关(Schultz,2002;Wise,2002);等等。

第二部分　情绪与
不确定性决策

　　不同于确定性决策,不确定性决策具有信息不完全、客观条件不确定等特征,采用不同的决策方法和标准可能得出不同的最优解,因此更容易受到决策者主观判断的影响,也是管理学、经济学等领域研究的重点。而情绪是能够影响决策者主观判断的重要因素之一。回顾生活中的小事,不难发现情绪在决策中的重要作用,比如:在情绪激动时,更加容易做出激进的、非理性的决策;在心情愉悦时,对结果的预期也更加乐观,因此对不确定的接受度也更高;等等。由此可见,情绪与决策的联系密不可分。本书的第二部分将着重介绍情绪和不确定性决策的关系,从认知神经科学的视角揭示情绪如何影响不确定性决策及其背后的感知加工机制。

第五章　不确定性决策及其认知神经科学基础[①]

　　根据个体面临的决策条件不同,决策可以分为确定性决策与不确定性决策。而不确定性决策,根据各选项结果的概率是否可知,又可分为风险决策(decision under risk)与含糊决策(decision under ambiguity)。长期以来,风险决策和含糊决策一直是经济学、管理学、心理学、神经科学、社会学等诸多学科领域的研究者所努力探索的主题。无论是传统的基于"理性人"假设严格数理化的决策理论,还是行为经济学的前景理论与含糊厌恶,基本上都是基于决策行为层面的研究。而随着研究的不断深入,研究视角开始从行为层面延伸到心理和认知层面,并最终递进到生理层面。近年来快速发展的神经科学研究工具使得我们能够直接深入大脑内部,观察和研究个体经济决策行为背后的神经机制,从而有可能去揭示决策背后的大脑"黑箱"。这不仅可以为已有决策理论寻找更深层的基础,更有助于建立一个涵盖生理学变量的更加准确完善的经济决策模型。

　　早期对于风险决策和含糊决策的研究,常常从行为入手来

　　①　本章的部分内容已发表在《东南大学学报(医学版)》,即汪蕾,沈翔宇,林志萍,2010.基于决策神经科学的风险决策与含糊决策研究进展[J].东南大学学报(医学版),(4):35。

对选择的偏好问题进行认知层面的解释。从经典的决策理论到行为经济学的前景理论、含糊厌恶，无一不是通过观察风险和含糊决策下人们的行为选择倾向，来判断认知、情感、动机以及社会情境的作用（高利苹、李纾、时勘，2006）。但这存在着一个根本困境：当决定我们行为和心智的器官——大脑——对我们来说还是一个"黑箱"的时候，对人类行为和心智的任何解释都很难成为一种真知灼见。不过这种状况正在得到迅速改变（叶航、汪丁丁、贾拥民，2007）。

随着 fMRI、ERPs 等脑成像技术的快速发展与成熟，近年来，决策神经科学在不确定性决策领域内的研究也取得了很多初步成果。其中，很多研究都是基于行为经济学的理论成果，即先假设个体在损失或收益的情境下对待风险的偏好是不同的，损失或收益的变化影响决策，然后来探索行为背后的脑区神经活动。

目前，从神经科学角度对决策进行的研究主要集中于风险决策领域，并且其中大量研究是基于损失或收益的货币回报框架。迪克浩特等人发现收益更能激发眶额叶皮质的活动，而损失则更易激发顶下和小脑区的活动（Dickhaut et al., 2003）。格林和威洛比在美国 Science 上发表了《额叶内侧皮质区与货币损益的快速处理》一文，针对行为经济学家卡内曼、特沃斯基的前景理论和后悔理论设计了一个博彩游戏实验，用 ERPs 技术记录被试的脑电。实验发现，个体在损失情况下追求风险（Gehring、Willoughby，2002）。库嫩和克努森在 Neuron 上发表了《金融风险决策的神经基础》一文，通过被试的货币风险决策实验，比较了伏隔核区域（在兴奋时被激活）和前脑岛（在焦虑时被激活)的相互作用。结果发现：当被试做出一个风险决策的前2秒，伏隔核区域被激活；而当被试选择无风险的选项前，前脑岛被激活。这一研究解释了人们在风险决策时的神经学基础(Kuhnen、Knutson，2005)。萨布里纳等人于2007年在*Science*上发表了《风险决策过程中损失厌恶的神经学基础》一文，与以往研究主要关注"预期效用"(anticipated utility)或者"体验效用"(experienced utility)不同，该研究聚焦于被试在决策时的"决策效用"(decision utility)，即潜在的损失或收益各自所对应的神经系统，所以被试的决策结果在实验过程中并没有获得反馈。研究发现，被试的决策效用只激活与回报相关的脑区(腹侧纹状体、腹内侧前额叶皮质、前扣带回皮质、眶额叶皮质以及中脑区域等)。该研究也发现了被试在面临潜在收益和潜在损失时的脑区活动(Tom、Wakker、Sarin，2007)。卡内曼等人指出，效用可以区分为决策效用和体验效用。如果决策结果可以很快知道，那么对结果的预期被称为预期效用(Kahneman、Wakker、Sarin，1997)。上述关于效用加工的神经科学研究发现，预期效用、决策效用和体验效用这三者有时并不一致，这支持了已有的经济学理论，说明了以往对不同效用的区别有着重要意义。另外，研究者发现预期的脑岛区域激活与个体在决策任务中对风险的回避行为密切相关(Paulus et al.，2003)，并且，该脑区的激活能对风险回避行为加以预测(Kuhnen、Knutson，2005)。

相比于决策神经科学对风险决策的诸多研究及成果而言，对含糊决策的研究还处在探索阶段。古典经济决策理论认为没有概率信息的含糊情境不会影响个体决策，个体在决策时先给每个可能结果赋予不同的主观概率,然后根据主观期望效用值的高低来进行选择。行为经济学研究发现,相比于风险决策,人们倾向于排斥含糊决策。目前,神经科学研究已经初步发现了风险与含糊决策之间的区别。

2002年,史密斯等人在 *Management Science* 上发文,借助正电子发射计算机断层扫描(positron emission tomography, PET)技术分别研究了个体在风险和含糊情境下决策的神经基础,实验发现:在风险情境下,个体在面临收益时厌恶风险,在面临损失时追求风险;而在含糊情境下,个体无论是面对收益还是面对损失都采取含糊规避。该研究进一步发现,回报结构(收益或损失)与信息结构(含糊或风险)的相互作用会触发背内侧和腹内侧大脑区域的神经激活变化,这表明风险决策是认知过程和情感过程相互作用的结果(Smith et al., 2002)。2005年,鲁斯蒂奇尼等人在 *Games and Economic Behavior* 上发文指出,当个体面对确定、风险和含糊博彩决策时,其选择行为与含糊厌恶的经济理论模型一致。这证实了两项假设:个体面临决策时会对博彩价值进行评估;选择难度、风险与含糊厌恶均是关键的解释变量。此外,PET脑成像数据显示,面对风险和含糊博彩决策时,个体的评估行为近似于本能,被激活的大脑区域主要分布在顶叶。并且,相比于风险博彩决策,含糊博彩决策还会激活额叶,这表明含糊博彩决策是一个更复杂的大脑认知过程(Rustichini et al., 2005)。

许等人则借助fMRI研究发现:当被试面对含糊决策时,眶额皮质、杏仁核以及背内侧前额皮质被激活;而在风险情境下,背侧纹状体(包括伏隔核)被激活。他们还发现,眶额皮质受损病人是含糊中性的。因为眶额皮质能够接收来自边缘系统(包括杏仁核)的情感与认知输入,这就意味着对于正常被试,含糊决策经常会产生不安或害怕情绪,这些情绪被传输到眶额皮质。研究还发现风险决策的预期回报值激活了背侧纹状体。这表明含糊情境可能降低了决策的预期回报值,而且可能存在一个大脑神经回路处理含糊与风险决策(Hsu et al.,2005),上述研究成果发表在 *Science* 上。2006年,许特尔等人利用 fMRI,借助变动试验中损益的概率与数额大小,来估计被试的主观风险与含糊偏好,观测对应的特定区域的大脑神经活动。实验发现被试的含糊偏好能够预测外侧前额皮质的活动,并且该区域的活动与个体行为冲动的临床测试负相关,这说明大脑此区域主要负责情境分析并且抑制冲动反应,相反,被试的主观风险偏好能够预测后顶皮质的活动(Huettel et al.,2006)。上述研究初步揭示了个体在风险和含糊情境下决策的部分神经机制,发现了风险与含糊情境会激活不同的脑区,但是对于风险决策和含糊决策是否存在同样的神经回路以及相互之间的交互作用如何,尚有待进一步探索。

神经科学的研究也受到很多国内学者的关注。马庆国、王小毅(2006b),叶航、汪丁丁、贾拥民(2007),余荣军、周晓林(2007),高利苹、李纾、时勘(2006),刘长江(刘长江、李纾,2007),朱琪、陈乐优(2007)等诸多学者都在国内核心期刊上撰文介绍神经经济学相关领域的研究进展。对于决策神经科学的研究也正在兴起,周晓林等学者于2006年在 *Neuroreport* 发表了《效用期望和效用评估相关的脑电成分》一文,指出相比于收益信号,损失信号可以引起一个弱的却重要的反馈相关负波。这表明大脑前扣带回皮质可能相当于一个预警系统，警示大脑对接下来的事件做好准备（Yu、Zhou，2006a）。他们还通过博彩实验，利用ERPs技术发现，当被试面对自身的绩效反馈或是观察到他人的绩效反馈时，都能产生反馈相关负波。这表明，大脑在评估个体自身结果与他人的结果时，存在相似的神经机制。这在一定程度上可以说明，通过观察的学习和通过实践的学习，其神经过程相似（Yu、Zhou，2006b）。2009年，他们发表在*Journal of Cognitive Neuroscience*上的研究发现大脑前扣带回皮质能够预示风险选择并且可能发挥以下作用：作为一个预警系统以提醒大脑对伴随着风险选项的潜在损失结果做出应对（Yu、Zhou，2009）。

第六章　情绪在不确定性决策中的作用

第一节　情绪的基本概念

情绪是一系列主观认知经验的通称,是多种感觉、思想和行为综合产生的心理和生理状态,既是主观感受,又是客观的生理反应。在研究情绪和构建情绪理论时大致存在三种取向:分类观点、层次论观点和维度观点。近年来,情绪的维度理论得到了许多学者的青睐。该观点认为可以从几个重要的维度来对情绪进行描述和研究,这些维度包含了人类所有的情绪。德国著名心理学家文特最早提出了情绪三维理论:他认为情绪可在愉快或不愉快、激动或平静、紧张或松弛这三个维度上被度量。每种具体情绪都处在这三个维度两极之间的不同位置上。随后,施洛伯格提出,情绪的维度有愉快或不愉快、注意或拒绝和激活水平三个维度,其整合可以得到各种情绪,并建立了一个三维模式图(Schloberg,1954)。伊萨尔德则认为情绪有愉快度、紧张度、激动度、确信度四个维度(Izard,1991)。罗素、巴雷特提出的环形情绪模式把人的情绪划分为两个维度,即愉悦度和强度,愉悦度可分为正负两极,强度可分为中、高强度

（Russell、Barrett，1999）。这样就形成了四种类型，即愉快与高强度（高兴）、愉快与中强度（轻松）、不愉快与高强度（惊恐）、不愉快与中强度（厌烦），并由此形成情绪环形模式图。虽然不同学者对于情绪维度有不同划分，但归纳以上观点可以看出，几种划分标准都至少包含了效价，即愉快度（从愉悦到不愉悦，从积极到消极），以及唤醒度，即情绪激活的程度（从平静到兴奋）两个维度。情绪二维观点在国际上也被广为接受，国际情绪图片系统（IAPS）很好地体现了上述二维概念（Lang、Bradley、Cuthbert，1997）。

第二节　情绪的影响作用

传统的决策理论认为人是完全理性人，总是在追求个人利益的最大化，并且认为个体的决策偏好具有一致性（Von Neumann、Morgenstern，1944），在决策时完全排斥情绪的影响作用。然而，在现实生活中，我们发现存在大量的偏好反转现象。比如：在面对两种期望相当的彩票时，一种只以很高的概率获得较低的收益（如 A 彩票：以 94% 概率获得 4 元），另一种以较小的概率获得高收益（如 B 彩票：以 3% 概率获得 150 元），大部分人更青睐 A 彩票，然而在转售给别人时，对 B 彩票的索价却更高（Lichtenstein、Slovic，1971）；在其他外部条件都相同的情况下，替自己择业与替他人择业不一致（蔡明，2010）；也有调查显示，如果把某产品的优点以小数字表示，而把缺点用大数字表示时，该产品反而会更受消费者青睐（Wong、Kwong，2005）。这些偏好反转的"非理性"行为，让我们有必要去探讨决策偏好的形成机制。随着认知科学中情绪研究的兴起和发展,越来越多的研究表明,情绪是影响个体决策偏好的一个重要因素(Camerer、Thaler,1995;Dolan,2002;Hastie,2001)。随着行为经济学和实验经济学的兴起,情绪对决策的重要性受到研究者的普遍认同。美国著名的决策研究专家黑斯蒂在2001年指出了决策领域未来需要解决的16个问题,其中之一就是情绪在决策中的作用(Yuan et al.,2007)。

以往研究也关注了情绪对于不确定性决策的重要作用,其大多从效价维度出发,研究积极情绪和消极情绪对不确定性决策风险偏好的影响。例如,然、李研究了在重要的生活决策中,不同的情绪状态对冒险倾向的影响(Yuen、Lee,2003)。实验证明,诱发悲伤情绪者相比诱发中性情绪者对冒险持显著的更谨慎的态度。洛格纳汗、范发现,同属消极效价的两种情绪状态(焦虑、悲伤)在金钱赌博和职业选择实验中有不同的影响,悲伤让人偏好高风险-高回报的选择,而焦虑则让人更倾向于低风险-低回报的选择(Raghunathan、Pham,1999)。虽然大量研究证明了情绪效价是影响决策的因素之一,但相同效价的情绪对决策影响不一致的现象还没有得到解释。为此,国内外学者从情绪唤醒度的角度出发进行了尝试,如斯特凡努奇、施托贝克通过一系列实验证明,情绪唤醒度能够调节人的高度感知,而效价则不能(Stefanucci、Storbeck,2009)。我国学者甘甜、罗跃嘉、张志杰(2009)考察了情绪唤醒度和愉悦度对时间知觉的影响。结果表明:在短时距下,唤醒度和愉悦度对时间知觉的影响是独立的;情绪主要通过唤醒机制影响时间知觉,被试在高唤醒度下知觉到的时间显著长于在低唤醒度下知觉到的时

间。上述探索表明,作为情绪表征的重要维度,唤醒度也可能
参与了个体的决策过程。

第三节　情绪影响决策的认知神经科学研究

情绪对决策的影响不仅表现在行为层面上,以往的认知神
经科学研究也为情绪影响决策的现象提供了大脑决策加工层
面的佐证。

后悔理论首先由塔莱提出(Thaler, 1980),后经卢姆斯、萨
格登及贝尔发展而逐渐完善,用以说明预期情绪在决策中的作
用(Loomes、Sugden, 1982; Bell, 1982)。该理论是指当个体意
识到实际的选择结果可能不如另一个选择结果时,就会产生后
悔情绪。为了避免产生后悔情绪,当预测到不利的行为结果
时,个体会尽量避免采取这一行动。近年来,神经科学研究已
经证实了后悔情绪影响决策的理论假设。[1]

在神经科学领域,勒杜通过对老鼠的研究,发现感觉丘脑
(它执行初步的信号处理)与杏仁核(通常认为它在处理情感刺
激时起着关键作用)之间存在着直接的神经映射(LeDoux,
1998)。这表明,在皮质执行更高级的处理过程之前,动物可能
就已经对刺激产生了情感反应。贝沙拉、特拉内尔、达马西奥发
现大脑腹内侧前额叶皮质(通常与大脑中处理情绪反应的结构
密切相关)损毁的被试,在爱荷华博弈测试中会做出不利的选
择,他们往往会选择产生短期收益的选项,然而这些选项在长期

---

[1]　这方面更详细的综述,参见余荣军,周晓林,2007.神经经济学:打开经济
行为背后的"黑箱"[J].科学通报,(9),992-998。

是亏损的(Bechara、Tranel、Damasio,2000)。

行为实验研究发现,公平通常与正性情绪有关,不公平则与负性情绪有关。神经科学已经找到了这方面的一些证据。桑菲等在 *Science* 上发表了《在最后通牒博弈中经济决策的神经基础》一文。他们设计了一个最后通牒博弈,让两位参与者分配一笔钱,在其中一位提议分法后由另一位选择接受与否,并用 fMRI 记录参与者对分配过程和结果的反应。此研究发现,不公平的分配会激活与情绪相关的前岛叶和与认知相关的背外侧前额叶皮质区域的神经活动,并且前脑岛活动更强的参与者更容易拒绝不公平的分配,说明情绪参与了决策,使得人们拒绝不公平的分配(Sanfey et al.,2003)。也有学者把"皮肤电阻反应"作为衡量人情绪状态的自动指标:在面对不公平的分配方案时,皮肤的导电率就会增加,而且这种情况只在与人博弈时发生(Van't Wout et al.,2006)。这与桑菲等的研究结论是一致的。而与以往的研究视角不同,一些学者利用 fMRI 技术,开创性地从公平的角度探讨了情绪变化对决策的影响(Tabibnia、Satpute、Lieberman,2008)。研究表明,在同样物质报酬的前提下,相比于不公平的分配方案,在公平分配方案下获取报酬能使被试产生更强的幸福感,并同时激活了被试的奖赏系统。

这些研究初步探讨了情绪对决策影响的神经过程。然而,情绪到底在多大程度上影响个体的决策,情绪在各类不同决策中所起的作用如何,差异又如何,至今尚未形成共识(Glimcher、Dorris、Bayer,2005;Kenning、Plassmann,2005;Knoch et al.,2006;Yu、Zhou,2006a)。

第四节 不确定性决策相关的脑电成分

同时,随着认知科学的进步,事件相关电位(ERPs)技术被越来越多地引入决策相关的研究中。具体到不确定性决策领域,一项综述性研究对 79 篇相关文献进行了回顾和归纳,并指出 P300 成分在不确定性决策中的广泛应用(Chandrakumar et al.,2018)。P300 是一个正走向的 ERPs 成分,一般在刺激出现后的中晚期(200~600 毫秒)达到峰值(Patel、Azzam,2005;Wu、Zhou,2009)。P300 一般呈现围绕中线对称的头皮电位分布(Donchin、Coles,1988;Enge et al.,2008;Gray et al.,2004),一般在中央-顶叶脑区被观察到最大的波幅(Coull,1998;Hillyard et al.,1995)。P300 的典型波形如图 6.1 所示。

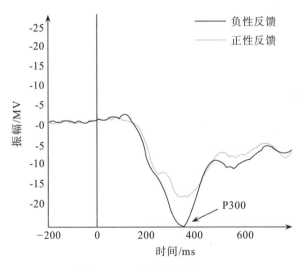

图 6.1 P300 的典型波形

图片来源:Chandrakumar D,Feuerriegel D,Bode S,et al.,2008.

Event-related potentials in relation to risk-taking: a systematic review [J]. Frontiers in behavioral neuroscience, 12: 1–22, 由作者整理翻译。

P300 最早在 1965 年由萨顶（Sutton et al., 1965）首次提出。在该研究中，被试首先接收到一个提示（cue），随后而来的是听觉上的嘀嗒声或者视觉上的光亮。在一部分试次（确定试次）中，提示之后总是紧跟着听觉或者是视觉刺激中的一种，因此感官刺激的类型对被试而言是确定的。在另一部分试次（不确定试次）中，提示后出现的刺激类型并不固定，视觉和听觉刺激无规律地交替出现，被试很难预料每次提示后的感官刺激类型，因此感官刺激的类型对被试而言是不确定的。在不确定试次中，被试还被要求猜想即将呈现的感官刺激类型，这项操作的目的是探究猜对、猜错对事件相关电位具有怎样的影响。脑电信号在整个过程中被记录。该研究主要包括三项重要发现：①P300 在确定试次中的波幅远小于在不确定试次中的波幅；②无论在何种类型的感官刺激下，小概率（33%）所诱发的 P300 波幅显著大于大概率（66%）所诱发的 P300 波幅；③被试在不确定试次中的猜想的正确性也会影响 P300 波幅，具体来说，无论在视觉还是听觉刺激中，猜错试次相比于猜对试次诱发了更大的 P300 波幅。后续研究广泛地验证了这些结论，特别是关于不确定性以及概率大小对 P300 成分的影响。

P300 波幅大小被认为与注意资源分配、情绪动机水平以及认知负荷有关（Begleiter et al., 1983；Fan、Han, 2008；Gray et al., 2004；Leng、Zhou, 2010；Morgan et al., 2008；Nieuwenhuis、Aston-Jones、Cohen, 2005；Wang et al., 2018；Wang et al., 2015；付超等, 2018）。注意资源分配越多，所诱发的 P300 波幅

越大;针对反馈结果的情绪动机水平越高,对结果赋予的主观价值越高,所诱发的P300波幅也越大;任务所导致的认知负荷越重,相应的P300波幅越小。

P300成分也被广泛应用于金融风险实验中,用以探究P300在决策不同阶段中的作用。其中一些研究重点关注了P300与反馈结果之间的关系。虽然一些研究表明P300只与反馈结果的大小有关,即反馈结果越大所诱发的P300波幅越大,而P300波幅与反馈的效价无关(Sato et al.,2005;Yeung、Sanfey,2004),但近年来的一些研究认为P300不但与反馈结果的大小有关,也与反馈效价的加工相关(Hajcak et al.,2005;Polezzi et al.,2010;Rigoni et al.,2010;Wu、Zhou,2009)。P300被广泛认为可以作为注意力分配和高情绪动机水平的表征,而收益型反馈具有更高的主观价值并吸引更多的注意力分配,所以收益型反馈必然会比损失型反馈激发更大的P300波幅。这种结论也得到了大量已有研究的证实(Zhou、Yu、Zhou,2010;Leng、Zhou,2010)。

此外,P300成分还被认为与情感信息处理过程有关。凯尔等在研究中,把刺激图片分为正性、负性以及中性三种。实验结果发现,相比于中性图片,正性和负性的刺激图片都诱发了更大的P300波幅,这说明了P300成分与情绪的密切关系(Keil et al.,2002)。然而廖冲等(2019)却发现了相反的结论:在一项研究面孔表情加工的实验中,中性面孔诱发的P300波幅显著大于情绪面孔诱发的波幅。蔡荣华、任梦梦、张文洁(2018)的研究发现,在正性和中性图片启动下,内隐多效性选择加工都能观察到明显的P300成分。而相比于正性图片,中性图片启动的多效性选择加工诱发了更大的 P300 波幅。

　　此外,被试在面对愉快和恐惧类型的刺激时,P300 波幅也会产生差异(Bistricky et al.,2014)。另外,伯梅、比尔、米尔拜尔发现在情绪体验的过程中,情绪的重新评估和抑制现象能够激发减弱的 P300 波幅表征(Boehme、Biehl、Mühlberger,2019)。但是情绪对于 P300 成分的影响机制究竟如何,仍然有待进一步的研究。

　　总而言之,P300 成分作为与决策紧密相关的成分,反映了决策的各个方面。它既可以表征与任务相关决策的难度,也可评估决策结果的影响,还可表示情绪对决策的影响。因此,我们认为,在未来讨论 P300 成分的时候,应该结合实验本身以及需要探讨的问题,这样才能做出最合理的解释。

第七章 情绪影响不确定性决策的实验研究[①]

　　传统的理性决策理论认为决策偏好具有一致性,但现实生活中存在大量偏好反转的"非理性"现象,因此,越来越多的研究关注情绪对决策的影响。情绪有效价和唤醒度两个维度,效价是指情绪的正负性(如愉悦或不愉悦),唤醒度指的是情绪的活跃程度(如平静或兴奋)。以往大量研究从效价的角度,讨论了积极情绪和消极情绪对决策的不同影响,但单纯从情绪效价的维度仍无法很好地解释这些现象,因此有必要从唤醒度的角度来研究情绪对决策的影响(汪蕾、陆强、沈翔宇,2013)。

　　本章主要通过实验研究来揭示唤醒度是否是偏好反转的一个原因。以往研究发现,数额大小能激发不同情绪反应,相对于小额金钱,大额金钱能唤起被试更强烈的情绪反应。因此,我们设计了一个金钱不确定性实验,结合ERPs技术,来探究唤醒度是否会对不确定性决策风险偏好产生影响。我们用四种类型(决策类型:风险和含糊;决策数额:大数额和小数额)的图片作为刺激材料,被试根据实验呈现的刺激来决定是参与还是放弃游戏。实验后,被试还要完成一个问卷调查以便于我

---

　　① 本实验研究成果已经发表于《管理工程学报》,即汪蕾,陆强,沈翔宇,2013.情绪唤醒度如何影响不确定性决策——基于决策偏好的视角[J].管理工程学报,(4):16-21。

们了解他们在不同决策情景下的情绪水平。我们希望通过这项研究发现偏好反转的内在机制,完善情绪影响决策的理论,并为现实生活中的偏好反转现象提供合理的解释。

不确定性决策,根据决策结果的概率是否已知,可分为风险决策和含糊决策,两者最重要的区别在于能否准确评估每一可能结果的概率。个体在进行不确定性决策时冒险的程度,即对风险和含糊的偏好水平,称为决策偏好。在不同的情境下,个体对风险和含糊的偏好程度不同。前景理论认为,当个体面临收益前景时,趋向于规避风险,而当个体面临损失前景时,则趋向于选择风险(Kahneman、Tversky,1979)。霍尔罗伊德、科尔斯的研究也表明,当决策结果含糊时,个体在损失的条件下倾向于选择含糊结果,而在收益的条件下其态度则转化为含糊厌恶(Holroyd、Coles,2002)。此外,在含糊与风险的比较研究中,研究人员也发现在不同的情境下,个体对含糊与风险的态度是不同的。行为学的研究发现,个体对风险与含糊的偏好水平与信念以及自身胜任力相关,当个体对自身具有强烈的自信心,他们就会追求含糊,反之则厌恶含糊(Heath、Tversky,1991)。

目前,衡量唤醒度的方式主要有两种,一是图片刺激,二是数值大小。克努森等学者在一个关于购物的fMRI实验中发现,商品金额激活了脑岛区域(Knutson et al.,2007)。这个区域与痛苦刺激相关,比如令人厌恶的气味、不公平的报酬、社会孤立等都能激活此区域(Wicker et al.,2003)。里克、克赖德、勒文施泰因在此基础上进一步分析发现,大数额相比小数额能激发更高程度的痛苦体验,也就是说,大数额能激活更强烈的情绪，数额能表征唤醒度的大小（Rick、Cryder、Loewenstein，2007）。卡默勒的另外一个实验也表明，大额奖金（10000或25000美元）情境下，参与者选择的权重函数呈显著的S形，而在小额奖金（5或10美元）情境下，权重函数则只呈现轻微的S形（Camerer，1992）。上述结果表明，金钱数额能激发情绪反应，相对于小额金钱，大额金钱能唤起被试更强烈的情绪反应。因此，我们采用两类数额刺激，150和20，来表征不同的唤醒度，并在实验结束后设置了问卷自测环节，以评估被试在面对不同启动刺激时的唤醒度水平。

大量研究表明，P300成分与唤醒度之间有着密切的关系：P300波幅随着唤醒度的变化而变化，高唤醒水平会引起更大的P300波幅（Lang et al.，1993）；唤醒度能有效决定ERPs后期的P300波幅（Cuthbert et al.，2000）。此外，P300成分被认为与情感信息处理过程有关。凯尔等在研究中，把刺激图片分为正性、负性以及中性三种，结果发现情感图片无论是正性还是负性都诱发了显著的P300波幅，这表明P300成分受到情绪的影响（Keil et al.，2002）。因此，我们将重点关注脑电数据中的P300成分，从而揭示情绪唤醒度对风险和含糊的偏好影响。

第一节　实验被试

12位健康的浙江大学研究生作为有偿被试自愿参加了本次实验，其中女性5位，右利手，年龄22—27岁（平均24.42岁，标准差1.65岁），所有被试视力或矫正视力正常，无精神病或精神病症史。每一位被试在参加实验前都签署了浙江大学神经管理学实验室事件相关电位(ERPs)实验知情书,并了解和确认了ERPs实验室的实验流程。

第二节 实验范式

在实验设计中,我们设计了四种类型的刺激图片作为启动,其中:图片中心呈现完整的灰色圆代表赢亏概率未知的含糊决策,而图片中心由两个深浅灰色半圆组成的圆代表赢亏概率各50%的风险决策;图上的数字代表了决策金额,分为150和20两类——由此就构成了决策四类启动刺激图片(图7.1,左)。

被试在看到启动刺激后,可以根据自身情况选择"参与赌局"或是"放弃赌局",如果被试选择"参与赌局",那么实验就会根据被试的选择情况,呈现相应的反馈刺激。反馈刺激和启动刺激相对应,分为"赢"和"亏"两种情况。比如,"+150"就表示被试赢了150的数额,而"-150"就表示被试亏了150的数额(图7.1,右)。如果被试选择"放弃赌局",那实验将不会呈现任何反馈刺激。

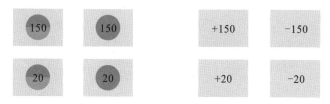

图 7.1 决策启动刺激材料和决策反馈刺激材料

图片来源:作者绘制。

实验设计中所用到的所有图片都采用Photoshop软件进行统一处理,尺寸均为200像素×150像素,并且亮度和对比度保持统一。

实验流程包括两个部分:首先通过实验记录和分析实验过程中的各种脑电数据与行为数据;其次是实验后的问卷自测,以了解被试在实验过程中的心理及情绪状态。

单个计次(trial)的呈现次序为:首先在屏幕中间呈现一个"+",呈现时间为500毫秒,"+"的作用在于提醒被试注意,而无其他任何含义;接着是500毫秒的刺激间隔;随后出现的是决策启动刺激,四类启动刺激中的一种,呈现的时间由被试的按键决定(如果被试超过2000毫秒还未按键,那么视作被试"放弃赌局",将直接跳转到下一个 trial);接着呈现500毫秒的空屏;之后,实验流程将根据被试的选择分为两种,如果被试选择"参与赌局",那么屏幕中间将会呈现1000毫秒的反馈刺激,接着再呈现500毫秒的刺激间隔,如果被试选择"放弃赌局",那么实验将会直接跳转到下一个 trial(图7.2)。

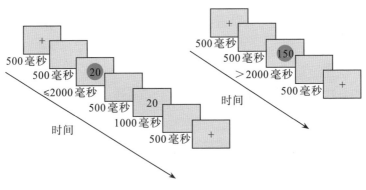

图 7.2　实验刺激呈现流程图
注:左为选择"参与",右为选择"放弃"。
图片来源:作者绘制。

我们在实验结束后设置了问卷自测环节,以了解被试在面对四类不同的启动刺激(决策类型:风险或含糊;唤醒度:大数额或小数额)时的体验情绪,并以此作为分类标准,研究不同情绪水平对决策态度的影响。

在实验当天,被试首先进入实验等待间,阅读并签署知情同意书。随后在主试的引导下用专用的洗发水清洗头发并将其完全吹干,从而确保脑电实验的良好连接。在上述准备过程全部完成后,被试进入隔音隔磁的专业脑电实验室。在测量被试头围后,主试为被试选择大小合适的电极帽。太紧的帽子容易使被试产生不适,而太松的帽子则不利于电极点和头皮的良好接触,所以根据头围选择松紧合适的电极帽十分重要。随后,主试为被试佩戴电极帽,在每个电极点注射脑电导电膏,并在耳后、眼周粘贴外接电极,所有电极点的阻抗大小都需控制在10千欧以下,否则需要重新调整直至每个电极的阻抗都降低到10千欧以下。整个连接过程需耗时20~30分钟,在整个连接过程中,被试阅读纸质版指导语,并可随时提出关于实验任务的问题和疑虑。被试声明完全理解实验指导语后,将被要求做一个简单的实验前测试,以确定其已经正确地理解实验的情境和任务。在确保被试没有任何疑问后,主试提醒被试调整到最舒服的坐姿并在正式实验过程中保持该姿势不动,随后主试离开实验间,正式实验开始。正式实验一共分为6组(block),每个block共有48个试次(trial),所有的启动刺激将被随机地分配在这6个block中,并且在每个block中随机出现。本实验采用美国Neuroscan公司生产的STIM软件实现在电脑屏幕上刺激的随机呈现。在实验结束后,被试被带离脑电实验间并填写实验后问卷。在问卷中,我们借鉴了国际情绪图片系统

（IAPS）的测量方法，采用唤醒度的测量问卷，让被试自我评价在看到四类启动刺激图片后的情绪，以1到5分别表示情绪从"很平静"到"非常激动"。

本书在最后的研究方法介绍中对脑电实验的数据记录过程进行了详细的表述。

第三节　实验结果

（一）问卷数据分析

被试对四类不同启动刺激图片的唤醒度自评结果显示，大数额唤醒度均值 $M = 4.07$（$SD = 0.72$），而小数额的唤醒度均值 $M = 2.00$（$SD = 0.61$），两者在统计上存在显著差异（$t = 11.66$，$p < 0.001$）。

进一步分析显示，含糊情境下大决策数额的唤醒度与小决策数额的唤醒度有显著区别（$t = 7.78$，$p < 0.001$），风险情境下大决策数额的唤醒度与小决策数额的唤醒度也有显著区别（$t = 7.31$，$p < 0.001$），具体统计结果参见表7.1。

表7.1　不同刺激类型下唤醒度比较 t 检验统计结果

刺激类型	均值	t 值	p 值	95% 置信区间	
				下限	上限
大数额－小数额	2.07	11.66	< 0.001	1.72	2.43
含糊大数额－含糊小数额	1.57	7.78	< 0.001	1.14	2.01
风险大数额－风险小数额	1.64	7.31	< 0.001	1.16	2.13

资料来源：作者整理。

以上数据分析的结果表明,从被试角度出发,大决策数额确实比小决策数额能激发更高唤醒度水平的体验情绪。这也与以往研究取得的结果相一致,即决策数额可用于衡量唤醒度,不同的决策数额编码了不同的情绪过程。在本实验中,被试的主要目的是在不确定性决策任务中,赢得最大数额的金钱,以便在实验后获取更多的报酬。相比于20,150的数额更能激起被试参与赌局的倾向,使得被试的心理变得不平静,从而激发更高唤醒度水平的体验情绪。

(二)脑电数据分析

在脑电数据分析时,我们采用 Neuroscan(Scan 4.3. Neurosoft Labs Inc.,USA)对数据进行眼电校正,并完成对无眼电干扰的脑电数据的其他预处理步骤,具体包括参考转换、滤波、事件提取、去伪迹、基线校正、叠加平均等,最后将预处理后的数据导出,用SPSS 20和Stata 12进行统计分析。本书在最后的研究方法介绍部分对ERPs数据的预处理过程进行了详细的介绍。

P300成分通常出现在头皮后侧,并且在中央顶区中间线附近最多(Nieuwenhuis、Aston-Jones、Cohen,2005)。我们选取了中央顶区的6个点作为P300成分的分析点位,分别是CP3、CPZ、CP4、P3、PZ和P4,并截取了300—400毫秒作为分析时间窗。这6个电极点位的描述性统计结果参见表7.2。

表7.2　中央顶区6个电极点位平均波幅描述性统计

电极点	含糊情境大数额		含糊情境小数额		风险情境大数额		风险情境小数额	
	均值	标准差	均值	标准差	均值	标准差	均值	标准差
CP3	6.69	2.34	4.71	2.05	5.33	3.26	4.60	1.92
CPZ	7.00	3.24	4.73	2.66	5.53	3.93	4.24	2.95
CP4	7.85	3.10	5.41	2.80	6.76	3.56	5.14	3.31
P3	7.42	2.94	5.13	2.37	6.17	3.41	4.96	2.33
PZ	7.01	3.03	4.92	2.68	5.80	3.64	4.42	3.00
P4	7.73	3.48	5.43	3.28	6.60	3.80	5.00	3.99

资料来源:作者整理。

针对顶区 P300 成分做 2(决策类型:风险决策与含糊决策)×2(唤醒度:大数额与小数额)×6(电极位:CP3、CPZ、CP4、P3、PZ 和 P4)的重复性方差检验发现:决策类型的主效应显著 $[F(1,11)=5.48, p=0.039]$;唤醒度的主效应显著 $[F(1,11)=10.53, p=0.008]$;电极位主效应显著 $[F(5,55)=3.70, p=0.006]$;决策类型与唤醒度的交互效应显著 $[F(1,11)=5.97, p=0.033]$。

进一步做简单效应检验发现,在大数额条件下,风险决策和含糊决策有显著差异 $[F(1,11)=9.80, p=0.010]$,即含糊情境下的 P300 波幅显著大于风险情境下的 P300 波幅,在小数额条件下,风险决策和含糊决策则无显著差异 $[F(1,11)=0.014, p>0.05]$。

第四节　结论与讨论

本章借助 ERPs 技术,考察了唤醒度对不确定性决策风险偏好的影响。结果表明:决策数额的大小的确可以表征为唤醒度水平的高低;决策数额的大小引发强度不同的体验情绪,从而影响决策行为。

P300成分是一个与决策相关的ERPs成分,作为信息处理的核心指标,其波幅通常反映了决策难度和决策信心,并且与决策难度成反比,与决策信心成正比(Nieuwenhuis、Aston-Jones、Cohen,2005)。此外,P300还被认为与情感信息处理过程有关,与唤醒度联系紧密(Cuthbert et al.,2000;Keil et al.,2002;Lang et al.,1993)。其波峰潜伏期通常在刺激呈现过后300到400毫秒,在本实验中,P300波幅在启动刺激呈现后380毫秒左右达到最大,并且主要分布在头皮中央顶区。本实验的数据发现,风险决策与含糊决策在P300波幅方面存在差异,并且这种差异受到唤醒度的调节:在高情绪唤醒度水平下,风险决策与含糊决策在P300波幅方面存在差异,含糊决策的P300波幅大于风险决策;而在低情绪唤醒度水平下,两者并没有差异。也就是说,在高情绪唤醒度水平下,决策者在面对风险和含糊决策时有明显的含糊偏好,而在低情绪唤醒度水平下,对风险和含糊的偏好差异不明显。

以往大量的研究都认为个体更追求风险,而规避含糊,即风险决策引发的P300成分较含糊决策更多。比如埃尔斯伯格发现了风险和含糊决策的差异,并认为个体追求风险规避含糊(Ellsberg,1961),史密斯等也借助PET技术研究在决策过程中被试的大脑活动,实验发现个体在不同决策情境下对损失与收益的态度存在差异。其中:在风险情境下,个体在面临收益时厌恶风险,在面临损失时追求风险;而在含糊情境下,个体无论是面对收益还是损失都厌恶含糊(Smith et al.,2002)。

而本实验的结果表明:决策偏好受情绪唤醒度的调节,在高情绪唤醒度水平下,决策者更加偏好含糊,而在低情绪唤醒度水平下,风险和含糊的偏好并无显著差异。这说明个体对风险和含糊的偏好与决策情境有关,在特定条件下,个体反而偏好含糊,厌恶风险。比如希思、特沃斯基发现,当对某一决策情境拥有很强的能力与丰富的知识时,决策者就会追求含糊,反之则厌恶含糊(Heath、Tversky,1991)。在本实验中,含糊较风险的不确定性更大。在高情绪唤醒度水平下,被试的决策态度可能变得更加"非理性",以一种"赌徒"的心态去看待风险和含糊,宁肯偏好概率信息未知的含糊也不愿意尝试50%概率的风险。

上述结果揭示了情绪唤醒度对决策偏好的影响机制,为现实生活中偏好反转的"非理性"决策提供了一种解释。在当今中国股票市场,股价变化迅速,人们在制订投资计划时,除了需要评估股价上涨或下跌的可能性外,还要考虑情绪对决策的影响:既害怕购买后股价下跌,从而导致失望情绪的产生;又担心没有购买时股价上涨,从而产生遗憾情绪。现实中,相当一部分股民在面临所选股票疯涨时,盲目加仓,而在股票狂跌时,又不忍割肉减仓,最终股价越跌越低,股民错失最小化损失的机会。用本实验的结论解释:当持股股价疯涨(或狂跌)时,股民情绪非常兴奋(或非常沮丧),两种情况下的情绪唤醒度水平都很高,此时股民的决策态度可能变得比较"非理性",不能客观冷静地看待现实情况,以一种"赌徒"的心态看待风险,这种情况下更容易做出一些与理性相违背的选择。

以往学者在效价维度上，围绕积极情绪和消极情绪，对情绪如何影响决策展开了大量的研究。然而，情绪效价不是影响决策的唯一因素。本实验从决策偏好视角出发，探讨了情绪唤醒度对不确定性决策的影响。研究结果表明：在高情绪唤醒度平下，决策者在面对风险和含糊决策时有明显的含糊偏好；而在低情绪唤醒度水平下，对风险和含糊的偏好差异不明显。

本实验的研究结论丰富了不确定性决策的研究成果，以往大量的研究都认为个体在面对风险和含糊决策时，会追求风险而规避含糊，而本实验的结果则表明，决策偏好并非一成不变，情绪会影响个体对风险和含糊的偏好，并从行为和神经层面揭示了高情绪唤醒度水平会让偏好发生反转。本实验不仅发现了偏好反转的内在机制，也从情绪的另一个维度——唤醒度，完善了情绪影响决策的理论。此外，从现实层面看，认识到种种偏好反转现象背后可能是情绪唤醒度在起作用，情绪唤醒度水平会影响个人的决策偏好，有助于我们在日常生活、经济行为中避免一些"非理性"决策，减少损失。

尽管如此，本章采用的实验范式还可以进一步拓展。本实验主要是从情绪唤醒度的维度衡量决策时的直接情绪反应（体验情绪）对决策的影响，事实上，除了体验情绪之外，还存在根据与当前决策任务无关的客观环境产生的情绪，称为伴随情绪。或许在以后的研究中，我们可以增加一个外部的情绪诱发因素，研究伴随情绪对决策的影响。

第三部分　社会距离与损失厌恶[①]

---

　　① 本部分内容来自孙昊野,2019.社会距离视角下的损失厌恶差异及其形成机制[D].杭州:浙江大学。

损失厌恶是风险决策中的重要概念（Kahneman、Tversky，1979）。损失厌恶描述了人们对损失比对等额收益更加敏感的现象。举例来说，当对失去100美元和得到100美元两种情境下的心情进行评估时，可以发现失去100美元所诱发的负面情绪远强于得到100美元所诱发的正面情绪（Thaler，1999）。损失厌恶源自前景理论，并被广泛认为是一种非理性偏差。在现实生活中的决策行为也与损失厌恶息息相关，如：个人投资者比金融机构更容易受到损失厌恶心理的影响（史永东、李竹薇、陈炜，2009）；市场中损失厌恶型投资者的存在有助于市场收益和市场质量的提高（张海峰等，2011）；消费者对金钱和产品效用的损失厌恶的不对称性会导致消费决策中选项框架效应的产生（金立印、邹德强，2009）。作为一种非理性行为现象，损失厌恶并不完全是有害的，例如美国经济学家保罗·克鲁格曼指出，当人们丧失对损失的非理性厌恶，那么市场将会面临巨大的危机，更多的人会失去一切。可见，损失厌恶存在于管理实践和日常生活的各个方面，并且会对决策行为产生重要的影响，因此研究风险决策中的损失厌恶具有重要的意义。

同时，人本身具有社会属性，而互联网的发展推动了人与人之间广泛的交流和互动（李涛，2006）。人际互动和社会化影响使得人们在现实生活中除了自我决策，还需要在许多学科领域（例如咨询、顾问、私募投资、医疗等），站在他人的角度考虑他人的决策需求，给出建议甚至直接代理对方进行决策，比如：职业经理人为股东制订企业发展的战略决策，基金经理为投资者推荐投资方案，当选官员根据民众的需求修订政策，医生为癌症患者拟定治疗方案，父母为子女提供升学建议，律师为诉讼人代理诉讼，等等（Benbasat、Wang，2005；Davies et al.，2005；Finke、Huston、Winchester，2011；Garcia-Retamero、Galesic，2012；Scott、Vick，1999；Vaubel，2006）。在为他人决策时，决策者与决策结果承担者之间的社会距离是影响决策质量的重要因素（Mills、Moshavi，1999；Montinari、Rancan，2018）。但是关于社会距离对风险决策造成有利还是不利影响，仍然存在一些不一致的意见。一些研究者认为社会距离能够对决策行为起到有利的促进作用，使决策者为决策收益者做出更理性的决策（Kadushin，1962）。但一些研究者则提出，社会距离的增加对决策者的创造性产生抑制，并且实际决策者和决策收益者之间过于正式、疏远的关系不利于合理决策的产生（Jaakkola，2007；Steyn、De Klerk，2015）。研究社会距离对风险决策，特别是风险决策中损失厌恶的影响，能够为代理决策领域提供相应的理论支撑，从而为企业管理和日常生活中的具体情境提供指导意见。对于实际决策者（如职业经理人、基金经理等）而言，了解决策差异的普遍存在性及其成因，将有助于其在决策中从源头避免为自己和为别人决策之间的差异。就本书的第三部分而言，探明社会距离对损失厌恶的影响，将有助于决策者从控制亲疏关系的角度入手，减少决策中的损失厌恶差异，充分发挥自己的经验和优势，从而更好地为他人进行决策。对于咨询他人意见或者委托他人进行决策的决策结果承担者（如股东、投资者等）而言，了解决策差异的普遍存在性，以及大脑决策加工层面的机制，将有助于其认识到自我独特性是一种本能，因此为自己和为他人决策的差异是普遍存在的，从而选择性地接受他人的意见。而社会距离对双方损失厌恶差异的作用，则为减少双方决策差异提供了可能性,双方良好关系的维持,有助于决策者做出更好的决策。社会距离与损失厌恶的关系还可以作为委托代理问题的研究基础,在研究中将为自己和为他人决策的差异作为委托代理问题产生的可能原因,并进一步丰富具体的决策场景,结合激励机制、信息对称性等因素,有针对性地为委托、代理双方提供具体化的指导意见。总而言之,探究社会距离对损失厌恶的影响,不仅有利于决策者做出更好的决策,还有利于增进决策者和决策收益者双方的理解,有助于维持和谐稳定的社会大环境。

　　本书的第三部分首先重点介绍损失厌恶的概念、测量方法、认知神经科学基础以及以往文献中发现的影响因素。在社会距离这一重要概念上,我们将从社会距离的视角介绍解释水平理论、调节聚焦理论、后悔理论,并对社会距离相关的认知神经科学成果进行回顾。具体来说,我们通过对解释水平理论的梳理,了解心理距离如何影响人们的感知加工特征,并着重介绍心理距离中的社会距离概念。此后,通过引入调节聚焦理论,将解释水平聚焦到风险决策中的损益加工,从而实现解释水平理论和调节聚焦理论的结合。同时,我们还引入了在自我与他人决策差异研究中常用的后悔理论。为了使读者更深入地了解决策的认知神经科学基础,我们将进一步介绍与社会距离研究相关的脑区以及大脑功能网络等。

第八章　损失厌恶

第一节　损失厌恶的基本概念及具体体现

(一)损失厌恶的基本概念

损失厌恶(loss aversion)的价值函数描述了效用在损失域比在收益域更陡峭的特点,描述了损失带来的负效用大于等额收益带来的正效用的现象,这种现象被定义为损失厌恶。卡内曼、特沃斯基在文献中写道:大部分被试认为以等概率得到或失去相同金额的赌局$(x,.50;-x,.50)$并不具有吸引力(Kahneman、Tversky,1979)。这一现象可以用损失厌恶来解释,体现了人们对损失和收益的敏感程度具有非对称性。

(二)损失厌恶的具体体现

损失厌恶现象广泛存在于非风险领域和风险领域中(刘欢等,2009)。

在非风险领域中,当人们拥有某种物品时,对该物品的价值估计要高于未拥有之前的价值,这种现象被称为禀赋效应(endowment effect)(Thaler,1980)。在卡内曼、尼奇、塔莱的实验中,卖方组被试事先每人得到一个马克杯,并在一定价格区间内给出愿意出售所拥有的马克杯的最低价格(willingness to accept,WTA),而买方组被试则需要决定愿意为买入这个马克杯所支付的最高价格(willingness to pay,WTP),选择组被试选择接受马克杯还是一定数额的金钱。研究发现,对于同样的马克杯,卖方出价的中位数为7.12美元,买方出价中位数为2.87美元,选择者接受金钱金额的中位数为3.12美元。显而易见,卖方组出价远高于买方组和选择组(Kahneman、Knetsch、Thaler,1990)。这种禀赋效应被视为非风险领域的损失厌恶,即卖方失去这种物品所导致的痛苦(负效用)远大于买方得到该物品所带来的快乐(正效用)(Kahneman、Knetsch、Thaler,1990;Novemsky、Kahneman,2005)。禀赋效应是一种很稳定的现象,在实验研究(Kahneman、Knetsch、Thaler,1990;Tversky、Kahneman,1991)和基于现实数据的实证研究(Hoyer、Herrmann、Huber,2002)中均得到了证实。

现状偏差(status quo bias)也被认为是损失厌恶在非风险领域的重要体现(Novemsky、Kahneman,2005;Tversky、Kahneman,1991)。现状偏差主要是指决策者更倾向于保持现状,而不是做出改变(Samuelson、Zeckhauser,1988)。在尼奇的研究中,来自一个班级的学生每个人收到一个巧克力棒,另一个班级的每名学生则各收到一个马克杯。学生们可以自由地用自己目前收到的礼物来与其他人的礼物交换,尽管交换的步骤很简单,但大约90%的学生仍选择不交换,继续持有当前的礼物(Knetsch,1989)。这种现象偏差可以被解释为:当个体面临选择时,现状相当于参考点,任何对现状做出的改变都被视为一种损失，而相比于做出改变所带来的收益，决策者往往对损失更加敏感，因此会选择维持现状的策略（Samuelson、Zeckhauser，1988）。

禀赋效应和现状偏差都是损失厌恶在非风险领域的具体表现。二者有所交叉，但并不完全相同，具体表现为二者所针对的具体决策情境和决策对象不同（刘腾飞等，2010a）。禀赋效应是针对某一物品而言，拥有该物品后，由所有权效应引起的对该物品的估值增加；现状偏差则是针对某一状态而言，决策者更倾向于保持现状而不是做出改变，具体表现为一种避免做出决策的行为（Anderson，2003；Morewedge et al.，2009）。当研究的因变量是对所有物的交换时，交换即可以理解为对所有物的"损失"，也可以理解为对现状的改变，此时禀赋效应和现状偏差是等同的（刘腾飞等，2010b）。

在风险领域中，最典型的例子是研究发现大部分被试不愿意参与以 50% 概率得到 50 元，以 50% 概率失去 50 元的赌注。从数值上看，参与该风险型赌注的期望收益是 0，因此与不参与该赌注所产生的无损失无收益的结果是无差异的。但是因为损失厌恶的存在，损失所带来的负效用远大于收益所带来的正效用，因此该赌注的实际效用为负，小于不参与赌注时的 0 效用（Kahneman、Tversky，1979）。特沃斯基、卡内曼还发现，只有当赌注中的潜在收益值由 50 增加至 100 时，被试才会认为潜在损失所带来的痛苦大约和潜在收益所带来的快乐相互抵消（Tversky、Kahneman，1992）。

第二节　损失厌恶的测量方法

通过对已有文献的梳理,我们发现对损失厌恶的测量方法大体可以分为间接测量和直接估计两种。间接测量主要是通过比较损失和收益在效用(一般用价值来体现)上的差异来判断损失厌恶程度,而直接估计则是通过被试的行为选择估计出损失厌恶参数。

(一)间接测量

上一节介绍了损失厌恶在非风险和风险领域的广泛存在性,本节将从非风险和风险情境两个方面来介绍损失厌恶的间接测量方法。

在非风险情境下,可以比较被试对收益型选项和有得有失的混合型选项之间的选择率差异,来间接反映损失厌恶程度。在特沃斯基、卡内曼的研究中,被试在参与实验之初就被赠予一顿晚餐或者是一张写真,所以被试拥有的这件礼物就作为该实验的决策参考点(现状)。随后,被试可以用他们目前拥有的这件礼物去交换两顿免费晚餐(A)或一张免费写真加三张小尺寸照片(B)(Tversky、Kahneman,1991)。对于一开始就被赠予一顿晚餐的被试来说:选择A,将一顿免费晚餐换成两顿免费晚餐是一种纯收益型决策;选择B则意味着失去一顿免费晚餐(损失),但收获一张免费写真加三张小尺寸照片(收益),因此是一种有得有失的决策。同理,对于一开始就被赠予一张写真的人来说:选项A是一种兼有得失的选择,而选项B是一种纯收益型选择。损失厌恶的被试将更倾向于做出纯收益型决策,而不是有得有失型决策。通过比较被试对两种类型选项的选择率,可以得出在不同操纵下的损失厌恶程度。伊内西和波尔曼也采用该范式来衡量损失厌恶程度,但对该范式进行了一定的调整,将晚餐和写真照片换成了万事达礼品卡和维萨礼品卡(Inesi,2010;Polman,2012)。

在风险情境下,首先找到被试对损失和收益感知无差异的点,然后比较此时的损失值与收益值,即可得到损失厌恶程度的间接表达。例如:在风险决策模式下,被试被要求每一回合在参与和拒绝参与风险决策间进行选择。每个回合的损失值确定,仅收益值不断变化。例如:选择参加金融风险决策游戏,则将以50%的概率得到6美元,以50%的概率失去$X[X=2,3,4,5,6,7(随机)]$美元,选择不参加金融风险决策游戏,将不得到也不失去。实验记录被试选择"拒绝参加"选项时的最小X,X值越小表示损失所带来的痛苦越大,即更强的损失厌恶(Thaler、Johnson,1990)。

用间接方法测量损失厌恶的优点是直观可比,操作简单。不足之处在于,首先,得到的是损失厌恶的相对大小,因而受到收益值大小的影响,只有相对数值才有意义。其次,由于收益值是离散变量,很难测量到被试由参加到不参加这一选择偏转的具体点,从而难以准确衡量被试的损失厌恶程度,只能对被试的损失厌恶程度进行大概描述。再次,实际测量过程中,由于回合数较多,或者被试偏好存在一定波动,被试可能会在较小的损失下选择不参与金融风险决策,但在较大的损失下却选择参加,这时再采用"拒绝参与"选项下的最小X值来描述损失厌恶就不是很准确。最后,这种通过比较得到损失厌恶相对强度的方法仅适用于混合型风险决策,即不确定选项既包括收益也包括损失的情况,并不适用于仅包含收益结果的收益型和仅包含损失结果的损失型决策范式。

（二）直接估计

一些研究通过直接估计的方法求解出损失厌恶参数。本部分将回顾已有文献如何在非风险情境和风险情境下实现对损失厌恶参数的直接估计。

在非风险情境下,常用的方法是通过实验获得禀赋效应中卖方愿意出售该产品的最低价格（willingness to accept, WTA）和买方愿意为该物品所支付的最高价格（willingness to pay, WTP）的数据,借助于同一物品的 WTA 和 WTP 比值,直接估计损失厌恶参数。一般而言,WTA 的中位数约为 WTP 中位数的两倍（Gächter、Johnson、Herrmann, 2007; Novemsky、Kahneman, 2005; Sayman、Öncüler, 2005）。

在风险情境下,一般通过被试在风险决策中的行为选择构建效用函数,描述被试风险决策行为背后的效用比较过程,并通过求解参数直观地估计出损失厌恶的具体值。具体而言,若被试在风险决策时选择 A 而没有选择 B,则证明 A 选项的效用大于 B 选项,反之亦然。通过对效用函数的参数估计,可以得出每个被试的损失厌恶值。直接估计的损失厌恶值能真实地反映被试的损失厌恶程度,而不是得到随着潜在收益值变化而改变的相对序数变量。这类方法根据采用的函数类型可以主要分为以下几种:

1. 简化的线性效用函数

该方法假定效用函数是线性形式而非指数形式（Canessa et al.,2013；Tom et al.,2007）。具体思路是以行为上的具体选择——参与或拒绝参与风险决策——为 0、1 变量，以损失、收益金额的绝对值为自变量进行 logit 回归。根据损失厌恶的定义将损失值系数和收益值系数的比值 λ 作为损失厌恶参数。比值 λ 刻画了被试在参与风险决策过程中对损失值和收益值的敏感程度。与之类似，也有学者直接将潜在收益与潜在损失金额之比作为自变量，以接受或拒绝风险决策的选择行为作为因变量（虚拟变量）进行 logit 回归，找到"接受"和"拒绝"的决策边界（$P_{接受} = P_{拒绝} = 0.5$），此时潜在收益与潜在损失之比即为 λ（Gelskov et al.,2015）。

通过参数 λ 和 1 的大小比较可以确定被试是否具有损失厌恶的特征，以及损失厌恶程度。λ 等于 1 表示损失值与收益值对被试决策行为的影响一样大；λ 大于 1 代表损失厌恶现象存在；λ 越大，表示被试的损失厌恶越强。选用线性效用函数的优点在于函数形式简单，而不足之处在于其只能应用于包含潜在损失和潜在收益的风险决策类型，并且线性效用函数并不能真实反映被试做决策时所采用的效用函数。

2. 基于前景理论的结构模型

该方法将前景理论中的价值函数作为效用函数（Harrison,2008；Rutledge et al.,2014；Rutledge et al.,2015），以指数型函数实现对价值函数的量化表的，并考虑风险态度 α 和损失厌恶 λ 两个参数，通过对损失域的金额赋予 λ 的权重表达价值函数在损失域比在收益域更陡峭的函数特点。对损失和收益同样敏感的

被试的 $\lambda=1$，对损失更敏感的被试的 $\lambda>1$，对收益更敏感的被试的 $\lambda<1$。该参数决策模型可以广泛地应用于包含混合型、损失型、收益型决策试次的风险决策任务。相比于简化的线性效用函数，基于前景理论的结构模型更能够反应价值函数在损益域的风险态度差异，但是在估计上比较复杂，一般采用最大似然估计的方法对风险态度和损失厌恶两个参数进行估计。

第三节　损失厌恶的影响因素

本节将通过对以往文献的梳理和回顾，分别综述金额大小、反馈呈现以及决策视角三种因素会对损失厌恶产生怎样的影响。

(一)金额大小

当损失或收益的金额较小时，损失厌恶的现象不仅不会发生，甚至还会反转(Harinck et al.,2007)，从而产生反向的损失厌恶(reverse loss aversion)，比如：人们不会在意不小心丢了1元钱，却会因为捡到1元钱而心情大好。实验发现，当金额小于等于5元时，收益带来的愉悦大于损失带来的痛苦，但当金额上升到50元时，则可观测到显著的损失厌恶现象。对该现象的解释基于享乐主义原则(hedonic principle)，即人们会站在使收益最大化、损失最小化的立场做决策(Kahneman et al.,1999)。作者认为，享乐主义原则驱动人们趋利避害，以求享乐，并会通过自我肯定(self-affirmation)、消减失谐(dissonance reduction)等方法忽视损失(Kermer et al.,2006)，从而实现"避害"。同时，生活中"小的"损失很多见且更不重要，经验使得人们比较容易通过调节和暗示让自己忽视损失。所以当面临小额的损失时，人们不仅不会表现出损失厌恶，相反，对损失的刻意忽视甚至会导致反向的损失厌恶。但是"大的"损失在生活中较为罕见且相对而言更为重要，人们缺乏忽视"大损失"的经验和能力，所以在面临"大的"损失时，才会表现出损失厌恶。

（二）反馈呈现

研究表明，在金融风险决策中是否呈现结果反馈会影响损失厌恶程度。在克默等人的实验中，一组被试在每次进行金融风险决策后，能够看见自己该回合的决策反馈结果以及所得的增减，而另一组被试只做决策，看不到决策反馈结果，只能自行预测结果。实验数据显示，不呈现反馈的组别表现出更强的损失厌恶（Kermer et al., 2006）。我们认为，损失厌恶源于对情绪的预测错误——高估损失带来的痛苦。所以呈现反馈结果，特别是当该轮的金融风险决策结果是"损失"时，被试会知觉到实际体验的痛苦并没有预期的那样强烈，从而纠正情绪预测错误（Gilbert et al., 2004）。在这种不断纠正和学习的过程中，损失厌恶不断减弱。

（三）决策视角

被试在风险决策中的决策角度也将影响被试的损失厌恶程度。在苏可若-赫斯纳等的实验中，同一组被试先后在两种实验指导语下完成一系列金融风险决策实验。一种指导语要求被试孤立地考虑每一个金融风险决策游戏，并认真对待每一次得失。而另一种指导语则引导被试站在资深商人的角度做决策,从全局出发,不要在意某一次的得失。行为数据和生理数据显示,被试在考虑全局时,损失厌恶程度有明显降低,证明了换位思考(perspective-taking)对损失厌恶存在影响(Sokol-Hessner et al.,2009)。

　　另一种决策视角变化导致的损失厌恶差异也被广泛研究。被试为自己进行风险决策和代替他人进行风险决策时,呈现出不同的损失厌恶程度。在塔莱、约翰逊的实验范式下,被试代替他人做决策时呈现出更低的损失厌恶程度(Thaler、Johnson,1990)。波尔曼的研究表明无论是在被试间(一组被试为自己做决策,另一组被试替他人做决策)还是被试内(被试既为自己做决策,也替他人做决策)实验中,代替他人完成风险决策时损失厌恶程度都发生明显降低(Polman,2012);无论被代理的"他人"是模糊匿名的,还是真实出现的,自我-他人损失厌恶差异均显著;甚至当代替他人决策结果影响到自身损益时,损失厌恶差异仍会存在(Mengarelli et al.,2014;Polman,2012)。自我-他人损失厌恶差异现象可能由情绪导致:情绪是影响损失厌恶的重要因素,特别是情绪中的责任感和移情能力在代替他人决策过程中起重要作用。面对陌生人时,被试很难设身处地为其着想,即存在移情代沟(empathy gap)。同时因为无须承担后果,被试感知到的责任感较弱,所以在行为上表现出对损失的不敏感(Mengarelli et al.,2014;Polman,2012)。

第九章 解释水平理论与调节聚焦理论

第一节 解释水平理论

(一)解释水平理论的定义

解释水平理论(construal level theory, CLT)最早由利伯曼、特普提出(Liberman、Trope, 1998)。该理论指出, 人们将个体或者事件表征为不同的抽象水平, 从而对个体或者事件有不同的思考方式。抽象的个体或者事件被赋予更远的心理距离, 并被定义为高解释水平。高解释水平是抽象的、主要的、全局的、基于目标的, 被认为与基于认知的思考紧密相关。与之相对的低解释水平则用来表征具体的、心理距离更近的个体或者事件, 是具体的、次要的、局部的、边缘的, 被认为与基于情绪的思考紧密相关(Leiser、Azar、Hadar, 2008; Liberman、Sagristano、Trope, 2002; Liberman、Trope, 1998; Liberman、Trope、Wakslak, 2007; Metcalfe、Mischel, 1999; Trope、Liberman, 2010; Trope、Liberman、Wakslak, 2007; 黄俊、李晔、张宏伟, 2015)。比如:在计划旅行时设想旅行中的轻松和快乐体验是高解释水平, 而确定出行交通工具、预订酒店则是低解释水平。

解释水平取决于人们所感知到的对某个体或事件的心理距离，并会对决策行为产生影响。心理距离越远，人们越倾向于采用抽象的高解释水平对个体或事件进行表征。当个体或事件与直接经验（direct experience）相符时，个人将感知到与该个体或事件之间的心理距离较近。这是因为关于"此情此景"的个体或者事件，正是人们当下所正在经历的，所以人们往往掌握很多相关信息，因此会基于这些细节的、基于情境的信息做出更具体的表征。而当缺少与个体或者事件相关的直接经验时，个人往往无法获得丰富的、具体的相关信息，此时只能通过经验、知识归纳等方法对个体或事件进行抽象的、概要的表征（Trope、Liberman、Wakslak，2007）。

（二）心理距离的四个维度

特普、利伯曼指出心理距离是以自我为中心的，并通常以自己、这里、此时等直接经验作为参考点，关注事件或者行为偏离该时间、空间、社会距离和概率的不同方式。因此，时间距离、空间距离和社会距离以及概率构成了心理距离的不同维度（Trope、Liberman，2010）。

解释水平理论最早仅关注心理距离中的时间距离（temporal distance）维度，用来解释跨期选择问题（Liberman、Trope，1998）。随着解释水平理论的不断发展和完善，不断由时间距离拓展到空间距离（spatial distance）、社会距离（social distance）以及假设性（概率）（hypotheticality）维度（Leiser、Azar、Hadar，2008）。

1. 时间距离

时间距离描述了行为或事件距离当下时间点的时间长短:未来的行为或事件具有更长的时间距离,而近期发生的行为或事件具有更短的时间距离。因此,基于解释水平理论,人们将远期行为表征为更高的抽象水平(高解释水平),而将近期行为表征为更低的抽象水平(低解释水平)。在一项在不同时间节点对物品进行分类的研究中:被试在近期事件(如下周末、下周五)中,对物品的分类更加具体;在远期事件(如明年、下个暑期)中,对物品的分类更加宽泛——如在近期事件中将薯片、热狗归类为"零食",在远期事件中将其归类为"食物"(Liberman、Sagristano、Trope,2002)。在利伯曼、特普的研究中,实验人员要求学生在不同时间节点上完成选课。结果发现:在选择近期课程时,学生更倾向于选择容易完成的课程,即更关注完成课程的可行性(feasibility);而在选择远期课程时(如下学期开设的课程),学生更倾向于选择自身更渴望、更有意义的课程,即更关注对课程的渴望性(desirability)。这种在不同时间节点上具有不同选择偏好的现象被解释为:近期行为与低解释水平(如完成目标的可能性)紧密相关,而远期行为与高解释水平(如对自我的意义)紧密相关(Liberman、Trope,1998)。

2. 空间距离

空间距离指事物与人之间的物理距离。空间距离越长,人们越倾向于用抽象的、整体的高解释水平信息来表征该事物;反之,空间距离越短,人们越倾向于用具体的、局部的低解释水平信息来表征该事物。有研究要求被试想象一个帮助朋友搬入新公寓的场景,并通过操纵公寓的地点来控制空间距离,发现:在长空间距离下,被试通过结果(end)识别行为,并且在回顾事件时,采用更多的抽象性语言;在短空间距离下,被试通过方法(mean)识别行为,并且在回顾事件时,采用较少的抽象性语言(Fujita et al.,2006)。

3. 社会距离

社会距离描述了人际的亲近或疏远程度。一般而言,自己、朋友、内群体成员之间相比于其与他人、陌生人、外群体成员具有更短的社会距离,因而与低解释水平相关。权力是影响社会距离的一个重要因素,一般而言,拥有权力越大的个体感知到自身与他人的社会距离越长。在史密斯、特普的研究中,主试通过要求被试描述曾经对他人取得控制或者被他人取得控制的经历来操纵被试感知权力。实验结果显示,感知到高权力水平的被试会进行更多的抽象性思考(Smith、Trope,2006)。

4. 假设性(概率)

概率作为心理距离的另一个维度,描述了可能发生但不确定会发生的事件的可能性。小概率事件对应更长的心理距离,因此与抽象的、全局的高解释水平有关(Wakslak et al.,2006)。在一项研究中,被试面临以大概率和小概率出现的具体情境(野营、搬家等),并被要求对与该情境相关的物品进行分类。结果显示,相比于大概率情境,在小概率情境下,被试对事物的分类更加宽泛和抽象(Wakslak et al.,2006)。

(三)社会距离

社会距离是心理距离的一个维度,社会距离衡量了某些社会特征(如社会生活中的种族、社会经济地位或宗教等)的显著性,这里既包括对自己与他人之间社会特征相似性的识别，也包括对自己与他人之间社会特征异质性的识别（Hipp、Perrin，2009）。

佩洛夫指出，感知到与他人相似、熟悉或者对他人的认同会缩短社会距离（Perloff，1993）。已有研究曾经发现与他人的相似度（Liviatan、Trope、Liberman，2008）、权力（Magee、Smith，2013；Smith、Trope，2006）、熟悉程度（Edwards、Lee、Ferle，2009；Stephan、Liberman、Trope，2011）、亲密程度（Boxer，1993；Lauber et al.，2004）等因素能够影响对社会距离远近的感知。在实验操纵上，一些研究采用外群体和内群体成员来反映长或短的社会距离（Baldassarri、Grossman，2013；Buchan、Johnson、Croson，2006）。不少学者通过将最后通牒博弈中的分配者设定为陌生人或朋友来操纵社会距离（Wu、Leliveld、Zhou，2011；Yu、Hu、Zhang，2015）。与之类似，克赖、冈萨雷斯通过设置为自己做决策，为好朋友、泛泛之交的人提出决策意见的具体情境，来操纵社会距离（Kray、Gonzalez，1999）。后续的行为学和认知神经科学研究也采用自己、好朋友和陌生人来表征由短到长的社会距离（Jauk et al.，2017；Kim et al.，2013；Zhang et al.，2017）。

第二节　调节聚焦理论

（一）调节聚焦理论

调节聚焦理论（regulatory focus theory）最早由希金斯提出，描述了个人在实现目标过程中的自我调节，以及这种自我调节对行为决策的影响（Higgins，1997；1998）。其中，自我调节主要依靠促进聚焦(promotion focus)和防御聚焦(prevention focus)两种调节系统得以实现。促进聚焦强调"趋利",即更关注决策行为可能带来的目标实现、愿望达成等收益;防御聚焦强调"避害",即更关注决策错误所带来的可能后果、与愿望的偏离等损失(许雷平、杭虹利、王方华,2012)。

具体到行为层面,促进聚焦使人们更努力地寻找实现目标的方法,而防御聚焦则使人们倾向于采用警惕和保守的战略,努力地避免犯错和承担损失(Förster、Higgins,2005)。希金斯等学者发现,同样对待增进友谊这个目标,促进聚焦会使被试倾向于采用促进目标实现的方法型战略(如以慷慨的方式对待朋友),而防御聚焦则会使被试采用防止目标落空的避免型战略(如避免与朋友失联)(Higgins et al.,1994)。其他实证性文献也证明了不同聚焦体系会导致不同的行为决策选择(Förster、Higgins、Idson,1998;Molden、Lee、Higgins,2008;Shah、Higgins、Friedman,1998)。

(二)调节聚焦理论对损益加工的影响

基于渴望和愿望达成的促进聚焦旨在最大化收益,从而提升人们对积极结果(收益)的敏感程度。反之,基于责任和避免失败的防御聚焦则旨在最小化损失,从而提升人们对消极结果(损失)的敏感程度。简而言之,在决策中,促进聚焦使人们对收益更加敏感,而防御聚焦则使人们对损失更加敏感(Grant、Higgins,2003;Idson、Liberman、Higgins,2000;Liberman、Idson、Higgins,2005;Liu et al.,2017;张慧、陆静怡、谢晓非,2014)。此外,风险决策中往往包含着潜在的收益和损失,因而调节聚焦理论也能通过影响个人对损益信息的加工进而影响风险决策行为(Bryant、Dunford,2008;Förster、Higgins、Bianco,2003;Higgins,2002)。

第三节　解释水平理论与调节聚焦理论的关系

近年来,解释水平理论与调节聚焦理论之间的关系也得到了大量实验研究的证实(Förster、Friedman、Liberman,2004;Förster、Higgins,2005;Pennington、Roese,2003;张慧、陆静怡、谢晓非,2014),这种关系具体表现在:当解释水平较高时,人们更倾向于采用促进聚焦,因而表现为更加在意收益;而当解释水平较低时,人们则更倾向于采用防御聚焦,因而表现为更加关注损失。莫吉内尔、阿克、彭宁顿发现当消费者确定远期(高解释水平)的购买决策时,更关注实现购买目标所带来的快乐,而在确定近期(低解释水平)的购买决策时,会更在意未实现购买目标所带来的痛苦(Mogilner、Aaker、Pennington,2007)。李、凯勒、施特恩塔尔从匹配的角度证明了调节聚焦与解释水平之间的相关关系。该研究发现:采用促进聚焦的个人更倾向于将信息解析为抽象的、高解释水平的;而采用防御聚焦的个人更倾向于将信息解析为具体的、低解释水平的。此外,当调节聚焦与解释水平匹配(如促进聚焦对应高解释水平)时,这种匹配会诱发被试更积极的态度并进一步表现为更高的绩效(Lee、Keller、Sternthal,2009)。彭宁顿、勒泽通过考试前的打分任务比较了在面对距离考试的不同时间点时,不同聚焦类型的重要性差异,从而证明了高解释水平与促进聚焦、低解释水平与防御聚焦的匹配关系(Pennington、Roese,2003)。

第十章　后悔理论

第一节　后悔理论基本介绍

后悔是一种消极的心理状态,并与负性情绪息息相关。卢姆斯、萨格登认为,当其他可能结果和实际结果出现差异的时候,后悔感也随之产生(Loomes、Sugden,1982)。根据后悔发生的时间,可以进一步将后悔划分为:预期后悔(anticipated regret),即事件没有真实发生时所预想到的其他可能结果与实际结果的差异所导致的后悔;回顾后悔(retrospective regret),即事件真实发生后所体验到的其他可能结果与实际结果的差异所导致的后悔(艾福娇、陈秀兰,2010;武瑞娟、李东进,2010)。一些研究也发现后悔与责任感的正向相关关系,决策者对结果越后悔,越认为自己应该对该不良后果承担责任(Botti、Orfali、Iyengar,2009;Leonhardt、Keller、Pechmann,2011)。

后悔理论被广泛应用在经济决策与购买决策中,例如:在风险决策和不确定性决策中,决策者可能为了避免较强烈的后悔感而放弃眼前较小额度的利益(Loomes、Sugden,1982);在营销领域中,研究者发现后悔会影响购买意愿和购买决策,特别是对重复购买决策有重要的影响(武瑞娟、李东进,2010)。

第二节　后悔理论与为他人决策

一些研究关注了为他人决策时的后悔感知。研究发现,当为他人决策时,决策者认为自己对负性结果有责任,虽然决策者自身不是决策结果的直接承担者,但是负性结果却是由决策者直接导致的。决策者常常想要规避责任(responsibility aversion),因为这种“自己导致了负性结果,对负性结果有责任”的感觉会使决策者感到伤害了他人,从而产生一定的心理压力,比如后悔感(Botti、Orfali、Iyengar,2009;Leonhardt、Keller、Pechmann,2011)。他人诱发的后悔(other - induced regret)概念也指出,当决策者为他人决策但实际结果差强人意时,他人作为决策结果的实际承受者也会受到负性情绪困扰,而此时,决策者是实际上导致他人负性情绪的因素。因此,决策者为他人决策时,可能会产生后悔的心理状态,这主要表现为后悔感和负罪感(Stone、Yates、Caruthers,2002)。尽管决策者为自身决策时,也会因实际结果不如预期结果导致个人后悔(individual regret),然而,以往研究表明他人诱发的后悔可能比个人后悔的影响力更大。瓦格纳等也通过实验研究证实了为他人决策(相比于为自己决策)时负性结果所诱发的后悔感更强(Wagner et al.,2012)。

第十一章 风险决策与社会距离的相关脑区

第一节 风险决策相关脑区

（一）风险决策相关脑区的基本介绍

对于风险决策神经机制的早期研究,主要关注哪些脑区与概率和金额的加工相关。其中,前额叶皮质被广泛发现参与了决策过程中对风险和不确定性的加工(Blakemore、Robbins,2012;Gonzalez et al.,2005)。比如:脑岛和腹外侧前额叶皮质参与负性刺激加工,如风险增加或惩罚(Huettel、Song、McCarthy,2005;O'Doherty et al.,2001);意料之外的奖赏会激活纹状体以及内侧前额叶皮质(Klein-Flügge et al.,2011;Knutson et al.,2005);对不确定选项的执行控制过程被发现与背外侧前额叶皮质和后顶叶皮质激活相关(Paulus et al.,2001;Paulus et al.,2003)。

此外,其他研究从效用以及风险态度角度提供了大脑决策加工层面的证据。Kuhnen、Knutson(2005)通过研究发现可通过纹状体的激活和脑岛的激活分别预测被试的风险寻求及风险规避行为,后续研究也为这一结论提供了支持(Knutson、Huettel,2015;Samanez-Larkin et al.,2010;Venkatraman et al.,2009)。有研究发现纹状体激活与线性及非线性概率的加工过程有关,这一发现从大脑决策加工的视角佐证了前景理论中的概率加工函数(Hsu et al.,2009)。此外,腹外侧前额叶皮质激活的纵向减弱(longitudinal decline)也被证明与风险承担程度的降低直接相关,而内侧前额叶皮质的激活变化通过增强与腹侧纹状体的负性连接来间接影响风险承担程度。该研究揭示了前额叶皮质中的不同区域在影响风险承担程度时的不同作用机制(Qu et al.,2015)。

(二)大脑功能网络

凸显网络(salience network,SN)在决策过程中起着至关重要的作用,参与信息筛选等认知加工过程,从而最终指导决策行为(Menon、Uddin,2010;Seeley et al.,2007;Sridharan、Levitin、Menon,2008)。凸显网络主要包括前扣带回和前脑岛等关键节点(Menon、Uddin,2010;Seeley et al.,2007)。凸显网络与其他相关的大脑网络共同作用能够实现许多复杂的脑功能,如社会行为、自我知觉、情绪和认知信息加工等(Menon,2015;Menon、Uddin,2010)。

研究发现,在与认知相关的任务中,凸显网络在识别认知需求以及任务难度后,通过调控中央执行网络(central executive network,CEN)和默认网络(default-mode network,DMN)之间的竞争关系,实现在两个网络之间的切换(Bressler、

Menon，2010；Greicius et al.，2003；Greicius、Menon，2004）。其中，中央执行网络和默认网络之间呈现出此消彼长的反向相关关系。中央执行网络与执行任务过程中的工作记忆相关，主要包括背外侧前额叶皮质和后顶叶皮质等关键节点（Bressler、Menon，2010；Miller、Cohen，2001）；默认网络则在个体专注于自己内心的状态和心理活动（如冥思）时激活，主要包含腹内侧前额叶皮质和后扣带回皮质等关键节点（Bressler、Menon，2010；Mason et al.，2007）。

如图11.1所示，当某项任务或者刺激被凸显网络所识别时，前脑岛脑区的活动将抑制默认网络的活动，并激发中央执行网络的活动，增加注意力的分配，使个体在警觉的状态下实现对该任务或刺激的认知加工（Bressler、Menon，2010；Menon，2015）。

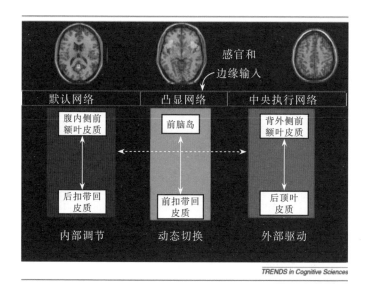

图11.1　凸显网络、中央执行网络、默认网络的关系

图片来源：Bressler S L，Menon V，2010. Large-scale brain networks

in cognition: emerging methods and principles[J]. Trends in cognitive sciences,14(6):277-290,作者整理翻译。

已有研究也证实了凸显网络中的节点(脑岛、前扣带回)在风险决策中在概率感知、风险判断、不确定性加工等方面的重要作用(Clark et al.,2008;Levin et al.,2012;Singer、Critchey、Preuschoff,2009;Xue et al.,2010)。

(三)损失厌恶相关脑区

损失厌恶是风险决策中的重要概念,但目前已有研究对于损失厌恶的神经机制仍然存在争议(Platt、Huettel,2008)。一些研究认为损失和收益是由相同系统进行加工的,但损益会导致非对称的神经响应,例如:潜在收益会导致某些脑区(如中脑多巴胺系统及其投射区域)激活增强,而潜在损失会导致这些脑区的激活减弱(Tom et al.,2007)。也有研究认为损失和收益是由不同的神经系统分别进行加工的(Kringelbach,2005;O' Doherty et al.,2001),如西摩等的研究发现对损失预测偏差和收益预测偏差的编码是在腹侧纹状体的不同区域完成的(Seymour et al.,2007)。卡内萨等的研究证实了金钱收益与纹状体激活相关,而金钱损失则与脑岛激活相关(Canessa et al.,2013)。此外,与情绪相关的脑区杏仁核被发现参与了损失厌恶的认知加工过程(De Martino、Camerer、Adolphs,2010;Sokol-Hessner、Camerer、Phelps,2013;Sokol-Hessner et al.,2009)。

第二节   社会距离相关脑区

在为他人决策方面,以往的研究主要探讨为自己和为抽象的"他人"决策时的差别,并采用不同类型的实验范式进行了研究。阿尔雷克特等和尼科列等将研究的重点放在比较为自己和为他人完成跨期决策上,并发现在为他人决策时,与奖赏相关的脑区激活减弱,但与情感相关的脑区(如腹内侧前额叶皮质)激活增强(Albrecht et al.,2010;Nicolle et al.,2012)。铃木等(Suzuki et al.,2012)的研究关注个体对他人价值评估的学习,以及对他人决策行为的预测。结果显示:腹内侧前额叶皮质参与奖励预测偏差的加工,这种现象在关于自己和关于他人决策中是相同的;而与为自己决策不同,在预测他人行为时,还需要背内侧或背外侧前额叶皮质参与对行为预测偏差的编码。与之类似,学者们也研究了个人对他人[一般人群(general population)]决策偏好的预测,fMRI结果说明更高的偏好预测准确率与更强的背内侧前额叶皮质激活呈现相关关系。从功能连接的角度来看,背内侧前额叶皮质与心智理论(ToM)加工相关脑区(如颞顶叶联合区、后扣带回皮质)之间的功能连接越强,对他人偏好的预测准确率越高(Kang et al.,2013)。在苏尔等人的研究中,决策者为自己和他人进行亲社会学习任务,研究发现虽然决策者在行为上表现出对他人收益的在意,但对自己收益的在意程度更高。而磁共振成像实验结果说明了内侧前额叶皮质的空间梯度式激活:腹侧激活主要代表与自身收益相关的认知加工,而背侧激活主要代表与他人收益相关的认知加工(Sul et al.,2015)。更重要的是,内侧前额叶-纹状体之间的功能连接在个体层面上存在差异,并与决策者具有自私还是亲社会的属性有关。学者们探索了决策者为自己和另一个人决策时的脑区激活情况。结果显示,奖赏相关脑区在与自己相关的决策中激活更强,而与心智理论(ToM)相关的脑区则在为另一个人决策时表现出更强的激活。此外,杏仁核和背内侧前额叶皮质分别参与为自己决策和为他人决策时的价值加工(Jung、Sul、Kim,2013)。

综上所述,在风险决策行为与为他人决策方面,现有研究都已经进行了相应的探索,但是,到目前为止,鲜有研究从社会距离的角度揭示风险决策中损失厌恶差异的认知加工机制。

本部分首先重点介绍了损失厌恶的概念、测量方法以及以往文献中发现的影响因素。为了引出本书的另一个重要概念——社会距离,我们首先梳理了解释水平理论,从而了解心理距离如何影响人们的感知加工特征,并着重介绍了心理距离中的社会距离概念。此后,我们又介绍了调节聚焦理论,并将解释水平聚焦到风险决策中的损益加工上去。同时,我们引入了在自我与他人决策差异研究中常用的后悔理论,并对其进行了回顾和梳理。结合决策神经科学的研究成果,我们随后分别回顾了与风险决策、损失厌恶、社会距离研究相关的脑区、大脑功能网络以及与反馈加工相关的脑电成分。

第四部分　社会距离影响
损失厌恶的实验研究

以往研究关注了为自己与他人决策间的差异,但其结论并不统一(Polman、Wu,2019)。一些研究认为,相比于为他人决策,决策者为自己决策时更加审慎和患得患失(Beisswanger et al.,2003;Chakravarty et al.,2011;Hsee、Weber,1997;Stone、Yates、Caruthers,2002;Wray、Stone,2005);而另一些研究则发现决策者为他人决策(或提供建议)比为自己决策时更保守的现象(Kray,2000;Kvaløy、Eriksen、Luzuriaga,2014;Kvaløy、Luzuriaga,2014;Lu、Shang、Li,2018)。此外,一些研究发现当决策不会造成损失时,为自己和为他人决策没有差异(Andersson et al.,2014);而另一些研究则得出了相反的结论(Sun et al.,2017)。值得注意的是,上述研究大都只考虑包含潜在损失和潜在收益的混合型风险决策类型,少数研究考虑包含两种风险决策类型的决策任务,但都没有将风险决策的所有可能类型全面地纳入考虑。风险决策除了有包含潜在损失和潜在收益的混合型决策,还有损失型(潜在结果非正)和收益型(潜在结果非负)决策(Birnbaum、Bahra,2007)。已有研究也证明了人们在不同类型风险决策中的决策偏好不完全相同(Wu、Markle,2008),因此仅考虑混合型决策所得出的结论具有一定的局限性和差异性。

以往文献中仅有少部分研究关注了为自己和为他人决策时损失厌恶的差异(Andersson et al.,2014;Mengarelli et al.,2014;Polman,2012;Zhang et al.,2017),但是都仅停留在决策的价值评估阶段。根据兰热尔、卡默勒、蒙塔古对决策不同阶段的划分,决策过程不仅包括决策对选项的价值评估过程,也包括对结果的反馈加工过程(Rangel、Camerer、Montague,2008)。反馈加工过程通过补充更多的信息实现认知上的更新，并且以往研究也确认了反馈对损失厌恶的影响（Inman、Zeelenberg，2002；Kermer et al.，2006；Mulder et al.，2005），但以往关于为自己和为他人决策时损失厌恶差异的研究都忽略了对反馈加工阶段的讨论。

此外，以往关于损失厌恶差异的研究主要集中在行为层面，而由于行为学方法的限制（Andersson et al.，2014；Liu et al.，2017；Mengarelli et al.，2014；Polman，2012），对差异现象的解释只能停留在假设和理论推导层面上，而缺乏实质性的证据。了解损失厌恶差异的成因，将有助于学者从决策形成的微观机制入手，完善风险决策的基础理论体系，为社会距离影响损失厌恶的现象提供更加确切、客观的证据和系统性的解释，进而实现通过生理指标对未来行为现象的预测。

综上所述，在风险决策领域，关于为自己和为他人决策时的行为差异的研究引起了广泛的关注。但把研究视角放在损失厌恶这一概念的具体研究仍有待进一步补充和丰富，特别是在不同决策阶段，决策者为社会距离不同的对象决策时的信息加工过程，以及损失厌恶差异的形成机制。所以，探究决策各个阶段中社会距离对风险决策中损失厌恶的影响及其机制，能够解释决策差异产生的微观机制，丰富和完善风险决策的理论体系，帮助学者们更好地理解损失厌恶差异产生的根本原因（孙昊野，2019）。

本书的第四部分旨在探明社会距离对风险决策中损失厌恶的影响及其作用机制。通过结合管理学、行为经济学、认知神经科学的理论和方法，我们将从行为和大脑决策加工机制的角度全面地探索社会距离影响损失厌恶的现象及其成因。在本部分中，我们将：

第一，介绍采用基于混合型、收益型、损失型多种风险决策类型的实验范式，系统性地探讨不同类型风险决策中，个体在反应时、风险选项（试次）接受率等行为表现上的差异，并通过构建基于多决策类型的损失厌恶估计模型，探究社会距离对损失厌恶的影响，揭示社会距离在风险决策中的作用机制，实现对已有风险决策理论的重要补充和完善。已有关于为自己和为他人决策的研究中存在着不同的研究结论和解释方法。一些研究认为决策者总是更在意对自身的利益积累，因此更关注决策行为的可行性，在为自己决策时总是更加审慎和保守（Beisswanger et al., 2003；Chakravarty et al., 2011；Hsee、Weber, 1997；Stone、Yates、Caruthers, 2002；Wray、Stone, 2005）；而另一些研究则认为在为他人决策时，决策者容易产生规避责任的现象，即如果他人因自己的决策失误而承担不利后果，决策者本身会产生负罪感和更强的后悔感（Botti、Orfali、Iyengar, 2009；Leonhardt、Keller、Pechmann, 2011），而为了避免这种潜在的心理压力，决策者在为他人决策时会更加小心和谨慎（Kvaløy、Eriksen、Luzuriaga, 2014；Kvaløy、Luzuriaga, 2014；Lu、Shang、Li, 2018）。此外，一些研究发现当决策不会造成损失时，为自己和为他人决策没有差异（Andersson et al., 2014），而另一些研究则得出了相反的结论（Sun et al., 2017）。事实上，上述研究大都只考虑包含潜在损失和潜在收益的混合型风险决策类型，少数研究考虑包含两种风险决策类型的决策任务，但都没有将风险决策的所有可能类型全面地纳入考虑，因此从中得出的结论也具有一定的局限性和差异性。在本部分中,我们将通过包含多种决策类型的风险决策行为实验探究社会距离对损失厌恶程度的影响,为解决上述研究争论提供新的证据,实现对已有风险决策理论的重要补充和完善。

第二,采用决策神经科学的方法揭示社会距离影响损失厌恶的机制。以往探讨损失厌恶影响因素的研究一般采用行为实验的方法,仅能证明损失厌恶的差异现象的存在,而对于差异现象的成因的探讨仅停留在假设和推论层面,而无法进行有力的检验和证明。我们将借助磁共振成像技术,从大脑决策加工的视角探究社会距离影响损失厌恶差异的微观机制,揭示决策行为差异背后的认知加工机制,为社会距离影响损失厌恶的现象提供更加确切、客观的证据和系统性的解释。

第三,从决策的价值评估阶段到反馈加工阶段,全面地揭示社会距离对损失厌恶的影响。兰热尔、卡默勒、蒙塔古将基于价值的决策过程划分为五个阶段,即:①表征(representation)阶段,决策者需要识别自身的内在状态、决策的外部条件,以及可以采取的行动选项集合;②价值评估(valuation)阶段,决策者需要赋予不同的可能选项相应的主观价值,这些价值反映了这些选项可能带来的收益;③行为选择(action selection)阶段,决策者需要比较各个可能选项的价值大小,从而做出选择;④结果评估(outcome evaluation)阶段,也被称作反馈加工阶段,在选项实施后,决策者对该选择结果所带来的反馈进行判断;⑤学习(learning)阶段,反馈的结果作用于后续决策的各个阶段,从而提高未来的决策质量(Rangel、Camerer、Montague,2008)。从表征阶段到结果评估阶段可被视为一个完整的决策过程,而学习过程则是为下一次决策打下基础。此外,严格意义上讲,表征阶段属于决策前的阶段,而真正意义上的决策行为实际上是包括从价值评估到行为选择再到反馈加工的三个阶段(沈强,2011)。而在上述三个决策阶段中,本书的第四部分将重点关注价值评估和反馈加工阶段,因为价值评估是行为选择的前因和源头,行为选择是价值评估的后续结果和必然反映,当了解了决策者对各个选项所赋予的价值后,决策者的行为选择将是显而易见的。因此,在本书的第四部分中我们重点关注决策的价值评估阶段和反馈加工阶段。以往关于损失厌恶差异的研究仅停留在决策的价值评估阶段,在实验过程中不向被试呈现每轮次的决策结果。而反馈加工阶段不仅是决策中重要一环,而且已有研究证明是否呈现反馈会影响损失厌恶。因此,在本部分的最后一章,我们将通过一项行为实验研究探索在反馈加工阶段,社会距离是否仍对损失厌恶产生影响,以及这种影响作用与决策的价值评估阶段是否相同。

总之,本书的第四部分旨在从决策的各个阶段探究社会距离对风险决策中损失厌恶的影响及其机制。围绕研究目标,我们将通过三项实验研究分别从价值评估和反馈加工阶段入手,采用包含多种风险决策类型的实验任务,全面地探究社会距离对损失厌恶的影响,并通过对决策过程中大脑信号的记录和分析,揭示社会距离所导致的损失厌恶差异的内在机制和成因。具体而言,本部分将通过实验研究解决的关键问题包括:第一,在决策的价值评估阶段,社会距离如何影响损失厌恶?第二,在决策的价值评估阶段,社会距离影响损失厌恶的认知加工机制是什么?第三,在决策的反馈加工阶段,社会距离是否仍对损失厌恶产生影响? 这种影响作用与决策的价值评估阶段是否相同?

因此,在本书的第四部分,我们将详细介绍三项实验研究,分别从价值评估阶段中,社会距离影响损失厌恶现象的普遍存在性、影响关系产生的认知加工机制,以及反馈加工阶段中社会距离与损失厌恶的关系入手进行具体探究,从而使读者能够从现象层面到本质层面清晰地理解风险决策的各个阶段中,社会距离对损失厌恶的影响及其内在机制。具体来说,在本部分中,我们将首先着眼于决策的价值评估阶段。决策的价值评估阶段包含了对可能结果的评估以及决策偏好的形成,是决策行为选择的重要基础。我们将通过一项探究社会距离对损失厌恶影响作用的行为实验,揭示社会距离在风险决策的价值评估阶段中的重要作用,并采用一项磁共振成像实验从大脑决策加工的角度探明社会距离诱发损失厌恶差异的背后成因,随后将研究视角放在决策的反馈加工阶段,通过一项行为实验探究在存在信息更新的情况下,社会距离对损失厌恶是否仍然存在影响,以及社会距离的影响作用在决策不同阶段中的差异。

第十二章 价值评估阶段中的社会距离与损失厌恶

本章旨在探明在包含混合型、损失型、收益型决策类型的实验任务中,社会距离是如何影响损失厌恶的。已有关于为自己和他人决策的研究中存在着不同的研究结论与解释方法。一些研究认为决策者总是更在意自身的利益,因此在为自己决策时总是更加审慎和保守(Beisswanger et al., 2003; Chakravarty et al., 2011; Hsee、Weber, 1997; Stone、Yates、Caruthers, 2002; Wray、Stone, 2005);另一些研究则认为在为他人决策时,决策者容易产生规避责任的现象,即如果他人因自己的决策失误而承担不利后果,决策者本身会产生负罪感和更强的后悔感(Botti、Orfali、Iyengar, 2009; Leonhardt et al., 2011),而为了避免这种潜在的心理压力,决策者在为他人决策时会更加小心和谨慎(Kvaløy、Eriksen、Luzuriaga, 2014; Kvaløy、Luzuriaga, 2014; Lu et al., 2018)。上述两种研究提出了完全相反的假设,本章将通过行为实验为社会距离影响损失厌恶的解释理论进行验证。此外,一些研究发现当决策不会造成损失时,为自己和他人决策没有差异(Andersson et al., 2014),而另一些研究则得出了相反的结论(Sun et al., 2017)。但上述研究大都只考虑有限的风险决策类型,而没有将风险决策的所有可能类型全面地纳入考虑，因此从中得出的结论也具有一定的局限性和差异性。为了解决上述问题，本章将从社会距离的视角切入，采用包含混合型、收益型、损失型风险决策类型的实验任务，系统性地探究决策承担者与实际决策者之间的社会距离如何影响决策者行为上的损失厌恶，从而全面地揭示社会距离对风险决策中损失厌恶的影响及其行为表现。

本章将通过一项预实验和一项正式实验，记录被试在为不同社会距离的对象决策时的行为数据，比较在社会距离不同的实验条件下，决策者的损失厌恶估计值，通过行为实验验证社会距离影响损失厌恶的解释理论。我们将设置包含混合型、收益型、损失型三种决策类型的实验范式，系统性地比较在不同决策类型中，决策者在为社会距离不同的对象决策时反应时、风险选项接受率等行为表现的差异，并通过构建基于多决策类型的损失厌恶估计模型，实现对损失厌恶值的直接估计，从而揭示社会距离在风险决策中对损失厌恶的影响，实现对已有风险决策理论的重要补充和完善。

本章将主要介绍探索性的行为实验，用于验证行为层面上社会距离影响损失厌恶现象的存在性。后续几章将采用磁共振成像技术，从大脑的认知加工层面探究社会距离对损失厌恶的影响。由于磁共振成像实验具有高成本以及操作复杂的特性，此类实验普遍采用叠加重复试次并求其均值的方法处理数据，因此对样本量要求较低，基于个体水平的统计分析往往效力有限甚至难以进行（Picton et al., 2000）。而在认知神经科学实验前进行样本量较大的行为实验，能有力地证明不同实验条件下被试响应差异的统计显著性。此外，在进行采用磁共振成像技术的实验设计时,一方面需要确保在同种实验条件下,有足够数量的实验试次进入到重复测量中去(Luck,2005),另一方面,则需要尽量采用便捷简明的实验范式,从而有效减轻被试的认知负荷,缩短实验时间,以免疲惫影响脑信号质量。因此,行为上的探索性实验能为后续基于磁共振成像技术的实验参数设置、时长控制提供指导意见。

前文已经对解释水平理论和调节聚焦理论以及二者的相关关系进行了全面的梳理。首先,长社会距离与基于目标的、全局的高解释水平有关,而短社会距离则与边缘的、局部的低解释水平有关(Leiser、Azar、Hadar,2008;Smith、Trope,2006;Trope、Liberman,2010)。此外,以往研究指出,面对由高解释水平表征的事件,人们往往更倾向于采用促进聚焦视角来看待该事件(Förster、Friedman、Liberman,2004;Förster、Higgins,2005),在损益加工层面表现为更加关注收益(Grant、Higgins,2003;Liberman、Idson、Higgins,2005;Liu et al.,2017)。同理,面对由低解释水平表征的事件,人们往往更倾向于采用防御聚焦视角来看待该事件,在损益加工层面表现为更加关注损失。这种高低解释水平与促进或防御聚焦视角的匹配关系在解释水平中的时间距离和社会距离维度上都得到了证实(Park、Morton,2015;Pennington、Roese,2003)。根据损失厌恶的定义,相比于收益而言,个体对等量损失所带来的痛苦往往赋予更多的权重,这种权重在价值函数中具体表现为损失项被赋予更大的效用(Kahneman、Tversky,1979;Tversky、Kahneman,1992)。当社会距离较远时,个体倾向于用高解释水平表征事件,进而采用促进聚焦对决策选项进行加工,具体表现为对收益的敏感程度提高,损益效用的比值减小,最终导致损失厌恶程度降低或损失厌恶估计值减小。当社会距离较近时,个体倾向于用低解释水平表征事件,进而采用防御聚焦对决策选项进行加工,具体表现为对损失的敏感程度提高,损益效用的比值增加,最终导致损失厌恶程度提高或损失厌恶估计值增大。

此外,已有文献也证明了相比于为他人决策或者为他人提供意见,为自己决策时决策者更加保守和审慎,具体表现为选择更加"安全"的决策选项,规避风险更大的选项(Beisswanger et al.,2003;Chakravarty et al.,2011;Hsee、Weber,1997;Stone、Yates、Caruthers,2002;Wray、Stone,2005)。因此,基于解释水平理论可以推导出社会距离对损失厌恶的负向影响作用。

但同时,后悔理论也常常被应用于自我-他人决策差异的研究。已有研究发现,对心理压力的预期也将影响决策者的决策偏好(Crawford et al.,2002;Leonhardt et al.,2011)。正如第十章介绍的那样,相比于为自己决策,决策者在为他人决策时可能感知到更强烈的后悔感和责任感。这是因为,如果负性结果出现,决策者将是该结果的成因,而他人却是该结果的实际承担者,所以决策者会感觉到伤害了他人,从而产生更大的心理压力,如更强的后悔感(Botti et al.,2009;Leonhardt et al.,2011)。此外,一些实验研究也进一步验证了他人诱发的后悔比个人后悔的影响力更大(Stone、Yates、Caruthers,2002;Wagner et al.,2012)。

为了规避预期后悔,决策者通常试图削弱自身决策和负性结果产生之间的因果关系,并具体采用维持现状、避免决策、风险规避等方式,如克赖的研究发现建议者(与个人决策者相比)

为他人提供建议时,一般只会指出最重要、最稳妥的因素,这是为了避免为可能出现的不良后果承担责任(Kray,2000)。如果接收意见者对决策的后果不满意,建议者会感受到的后悔感比较弱,因为他们不是决策后果的实际导致者。所以在为他人决策时,通过选择更规避损失的方案,可弱化潜在的后悔感,实现责任规避。在经济决策中,一些研究也发现了为他人决策比为自己决策更保守的现象(Kvaløy、Eriksen、Luzuriaga,2014;Kvaløy、Luzuriaga,2014;Lu、Shang、Li,2018)。一些研究指出,对陌生人的责任感有时比对朋友更强(Davis,1976)。基于上述分析,我们认为随着社会距离的增加,潜在负性结果所诱发的后悔感会增强,从而决策者表现出对潜在负性结果更加敏感,因此基于后悔理论可以推导出社会距离对损失厌恶的正向影响作用。

总之,对于社会距离如何影响损失厌恶这一问题,解释水平理论和后悔理论提出了不同的预期结果。下面,我们将通过一项预实验和一项正式实验对社会距离对于损失厌恶的影响作用进行检验。

第一节　预实验

首先,我们通过一项简单的预实验来初步检验社会距离对损失厌恶的影响,从而为正式实验打下一定的实验基础。

(一)实验被试

由于本书所介绍的研究属于基础性的研究,探究社会距离对损失厌恶的一般性影响,所以对被试的工作经验和专业知识没有特别的要求。因此选择学生被试在本实验中是合理的,以往关于决策偏好差异的研究也大量采用学生被试(Mengarelli et al., 2014; Polman, 2012; Zhang et al., 2017)。此外,本章关注的是社会距离导致的决策偏好改变的相对大小,而不是决策偏好的绝对值,所以在招募被试时对被试初始的风险态度、损失厌恶程度不设限制。

我们通过浙江大学的CC98论坛有偿招募了35名学生被试来参与预实验。其中,男性被试为16人,男女被试数大致均衡。该组被试群体的平均年龄为21.62岁,标准差为2.85岁。被试在阅读过实验指导语后,将签署知情同意书,声明在了解了实验的全部流程后,自愿参与实验。每名被试参与实验的出场费为20元(并作为实验中决策任务的初始本金),被试最终所得费用会在20元初始本金上下浮动,浮动范围为0~40元。具体与其在整个实验中所做的决策有关。

(二)实验方法

该项行为实验采用被试内单因素(社会距离:自己 vs 朋友 vs 陌生人)设计。预实验中通过操纵为自己、朋友和陌生人决策来表征递增的社会距离,这种操纵也在已有文献中得到了广泛应用(Jauk et al., 2017; Kim et al., 2013; Zhang et al., 2017),因此被认为是科学可靠的。决策者分别为社会距离最短的自己、社会距离较短的朋友和社会距离最长的陌生人完成一系列的风险决策。本实验共包含三个部分,在每个部分中,被试只完成一种实验条件操纵下的风险决策。每部分包含49个风险决策试次,即49次风险决策。为了避免被试在决策前就对决策收益者进行比较,从而制订不同的决策战略,我们只在每部分实验开始之前才向被试提供这部分实验的指导语,告知在该部分实验中的决策收益人的具体身份,并采用拉丁方随机排列的方法随机呈现实验的三种条件。

在实验开始之前,被试先自主阅读实验指导语,随后主试向被试讲解实验流程,并提出一些针对实验指导语具体细节的问题,确认被试是否完全理解指导语中所述的内容。如果在实验过程中,发现被试没有正确理解实验要求,主试将重新讲解实验指导语直至被试完全理解。随后,被试将完成5个轮次的训练任务,训练任务的实验参数与实验任务完全不同,仅用来帮助被试熟悉整个实验流程。在计算每个部分的最终收益时,主试将分别从被试所做的49次决策里随机抽取一次,将该轮次决策的最终结果(可能是正数、负数或零)与决策初始本金相加,作为该部分的最终收益。设置各个轮次被抽到的概率相等,将更有助于被试认真对待全部试次,减少不经思考就进行乱选的可能。在决策收益者为自身的实验条件下,决策收益将在实验后支付给被试,而在决策收益者为陌生人的实验条件下,主试会当面将该部分所得通过支付宝爱心捐赠渠道捐赠给福利项目。同时,为了避免"爱心捐赠"触发共情等情感,影响实验结果的准确性,我们只在该部分实验开始前告知被试该部分收益将会当着被试的面支付给一个陌生人,但是该陌生人的具体身份要在整个实验结束后揭晓。在决策收益者为朋友的实验条件下,我们将要求被试在该部分实验开始前写下关系最好的朋友的名字及其支付宝账号,并承诺会在整个实验结束后将该部分收益通过转账的形式支付给该朋友。

实验流程如图12.1所示,在每个决策试次中,被试首先看到的是持续750毫秒的"＋",用以提醒被试新一轮次即将开始,请被试集中注意力。随后屏幕上会出现一个被等分为左右两部分的圆圈,半圆内呈现该轮风险决策的潜在损失和潜在收益结果,潜在损失或收益的出现概率相等,均为50%。收益和损失随机呈现在左侧和右侧半圆中。其中,可能收益范围为8~20元(增幅步长2元),可能损失范围与之对称,为-8~-20元(降幅步长2元)(Canessa et al.,2013;De Martino、Camerer、Adolphs,2010;Schulreich、Gerhardt、Heekeren,2016)。被试通过小键盘按键选择自己在多大程度上愿意参与该轮次的风险决策,按键根据意愿强烈程度分为:1(非常愿意参与)、2(愿意参与)、3(不愿参与)、4(非常不愿参与)。若被试选择1或2,电脑会随机抽取左右两边的潜在收益或损失值,作为该轮次决策的最终结果;若被试选择3或4,则被试无收益也无损失,在该轮次决策中的最终结果为0。从行为的角度来看,选择1和2,或者3和4对该轮次决策的最终收益的影响是无差的。但这种操作可以鼓励被试表达对每个试次的偏好,而不是依赖于固定的决策规则(如比较期望值)进行决策(Schulreich、Gerhardt、Heekeren,2016;Tom et al.,2007)。同时,为避免时间压力对被试的风险态度造成影响(Salminen,1995;Yuen、Lee,2003),在决策过程中不设置时间限制。在被试按键后,所选的选项会变成加粗的白色,并呈现750毫秒的"＋",提醒被试已完成选择。每一轮次风险决策的结果都会被记录,但不会呈现给被试,以避免决策结果对后续决策行为产生影响,特别是对损失厌恶造成影响(Barron、Erev,2003)。

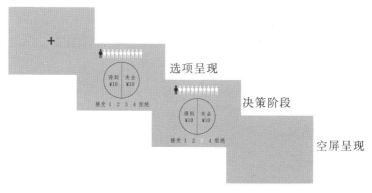

图12.1　预实验流程(以为自己决策为例)

图片来源:作者绘制。

为了便于被试直观地区分三种实验条件——为自己决策、为朋友决策、为陌生人决策,我们在决策选项呈现的圆圈上方展示11个横向排列的小人(图12.2),用以表现三种实验条件下不同的社会距离(Strombach et al.,2015)。左侧的第一个小人代表被试自己,其他的10个小人代表决策收益者与决策者之间1到10不等的社会距离。在为自己决策的实验条件中,决策者(被试)自己即为决策收益人,因此只有代表自己的左侧第一个小人呈现黑色,其他小人则为白色。在为朋友决策的实验条件下,左侧两个相邻小人呈现黑色,表明二者社会距离很短。在为陌生人决策的实验条件下,两个黑色小人分别位于最左和最右,表明二者社会距离最长。实验采用Python编写程序,实现实验刺激呈现和行为结果记录。

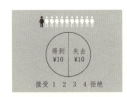

图12.2　不同社会距离的呈现方法(预实验)
注:左、中、右三图分别代表为自己、朋友和陌生人决策。
图片来源:作者绘制。

(三)实验结果

本实验采用了被试内设计,社会距离最短(自己)、较短(朋友)、最长(陌生人)则是该因素下的三个条件。接下来我们将通过分析间接和直接指标分别比较三种实验条件下的损失厌恶差异。

1. 损失厌恶程度的间接指标

对于行为层面上的间接指标——如反应时——的分析,主要是要找到选择"接受"和"拒绝"的决策边界(decision boundary)。在决策边界,"接受"和"拒绝"的主观效用大致相等,从而可以反映损失厌恶。因此,我们可以根据决策边界大致推测出不同社会距离下的损失厌恶程度排序。

反应时测量的是从决策选项呈现到被试按键所需的时长,该数据的收集通过用 Python 语言编写代码实现。在实验后,反应时会作为独立的一列呈现在数据结果的表格里。在进一步分析之前,我们首先排除掉了反应时的特异值(outlier)。具体是针对每一种决策条件,排除位于均值加减两倍标准差范围之外的反应时。这项操作是为了排除掉不经思考的过快选择和分心所导致的过慢选择,仅将注意力集中下的认真思考纳入考虑范围。

我们将不同被试在各个潜在损失-收益组合下的反应时进行平均,并绘制对应的热区图,用以表达反应时长短(图12.3)。其中,颜色越深表示反应时越长,颜色越浅则表示反应时越短。反应时反映了决策的难度,以及接受和拒绝该选项之间的效用差异(Tom et al.,2007)。最长的反应时代表了决策的边界,即"接受"和"拒绝"的无差异点。

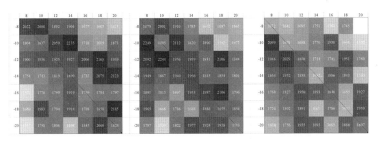

图12.3　不同社会距离下的决策反应时热区图(预实验)

注:左、中、右三图分别代表为自己、朋友和陌生人进行决策。其中,颜色越深表示反应时越长,颜色越浅表示反应时越短,方框中的数据为平均反应时,单位为毫秒,对角线为潜在损失和潜在收益相等的试次。

图片来源:作者绘制。

为自己决策时(图12.3,左),长反应时所代表的决策边界集中于对角线(潜在损失等于潜在收益)上方;为朋友决策时(图12.3,中),长反应时所代表的决策边界集中于对角线附近;而为陌生人决策时(图12.3,右),长反应时所代表的决策边界集中于对角线下方。反应时在三种决策条件下的不同分别趋势说明了:在决策收益人为决策者本身时,潜在收益略大于潜在损失的风险决策试次对被试来说最难以做出"接受"或者"拒绝"的选择;在决策收益人为朋友时,潜在收益与潜在损失大致相等时是"接受"和"拒绝"决策的边界;在决策收益人为陌生人时，"接受"与"拒绝"潜在收益略小于潜在损失的决策选项是大致无差的。因此，我们可以概括出决策者对损失和收益的敏感程度差异按照为自己、朋友、陌生人决策的顺序依次降低；根据损失厌恶的定义，我们得出：从反应时结果看来，随着社会距离的增加，损失厌恶程度降低。

2. 损失厌恶值的直接估计

对反应时长的数据分析是通过找到使"接受"和"拒绝"选项主观效用大致相等的决策边界，从而得到损失厌恶程度的间接表达。为了能够对损失厌恶给出定量的直观描述，我们采用了如下的 logit 回归模型：

$$\text{logit}\{P(\text{accept} = 1)\} = \beta_0 + \beta_{\text{gain}} \text{mag}_{\text{gain}} + \beta_{\text{loss}} \text{mag}_{\text{loss}}。$$

模型中，因变量的编码和定义方法为：（非常）愿意接受定义为1；（非常）不愿意接受定义为0。本回归中的自变量 mag_{gain} 和 mag_{loss} 分别表示潜在收益和潜在损失大小的绝对值。根据定义，损失厌恶描述了损失带来的心理效用大于等量收益产生的心理效用的现象（刘欢、梁竹苑、李纾，2009）。而相比于收益带来的心理效用，损失带来的心理效用越大，被试的损失厌恶程度越高。基于上述分析，损失厌恶估计值 λ 被定义为潜在损失（绝对值）回归系数与潜在收益回归系数比值的相反数（Canessa et al., 2013；Schulreich、Gerhardt、Heekeren，2016；Tom et al.，2007），即损失厌恶的量化表达式为：

$$\lambda = -\frac{\beta_{\text{loss}}}{\beta_{\text{gain}}}。$$

从估计结果上看，如果损失厌恶估计值 $\lambda > 1$，则说明潜在损失的心理效用大于潜在收益的心理效用，从而证明损失厌恶

的存在。反之,则证明被试具有收益追求(gain seeking)的
特征。

　　计算结果显示,从整体上看,被试为自己决策时的损失厌
恶估计值 $\lambda_{self} = 1.32$,为朋友决策时的损失厌恶估计值略小,
$\lambda_{friend} = 1.20$,为陌生人决策时损失厌恶估计值最小,$\lambda_{stranger} = 1.10$。在三种决策条件下,被试的损失厌恶估计值均大于1,这
说明了无论决策收益人的身份为何,被试的决策偏好都呈现出
损失厌恶的特征,且损失厌恶估计值按照决策收益人为自己、
朋友和陌生人的顺序依次递减。

第二节　正式实验

　　预实验部分采用混合型的风险决策类型,通过对反应时的
分析以及基于线性效用模型的损失厌恶量化表达,初步探究了
社会距离对损失厌恶的负向影响。接下来,我们将采用一项更
加全面的正式实验来全面揭示社会距离对损失厌恶的影响。

(一)实验被试

　　被试通过浙江大学CC98论坛进行招募。在正式实验中,
我们共招募了40名学生被试,其中包括男性被试23人,女性被
试17人,男女比例大体相等。被试年龄的平均值为21.44岁,
标准差为2.52岁。被试会在阅读实验指导语并签署知情同意
书后参与实验。每名被试参与实验的出场费为15元(并作为
实验中决策任务的初始本金),被试最终所得会在15元上下浮
动,与被试在整个实验中所做的决策有关,但不会少于0元。

(二)实验方法

在被试招募环节,我们在浙江大学CC98论坛上发布被试招募通知,给出对实验任务、实验时长、实验报酬等的基本描述,并列出可供选择的实验参与时间,并在帖子中强调请已经参与过预实验的被试不要重复报名。在核实报名被试符合实验基本要求后,主试将告知被试报名成功,并会在实验前一天发短信提醒被试实验的具体时间和地点,以确保被试按时出席。正式实验共包含三个部分,分别对应社会距离不同的决策受益者:决策仅影响自身收益,决策仅影响下一被试收益,决策仅影响朋友收益。每部分包含150次决策,三部分的呈现顺序服从拉丁方设计。与预实验一样,为了避免被试提前拟好在三个部分中各自的策略,产生诸如"不想让他人得到比自己多的收益"等比较心理,每部分指导语仅在该部分实验开始前给出。后续实验任务未知,可以避免比较心理,从而最大限度地反映被试在每种决策条件下的决策行为偏好和心理。

在正式实验开始之前,被试首先阅读该部分的指导语,然后主试向被试讲解实验流程,并强调一些具体的重要细节,如:在该部分实验中决策仅影响下一受试者(或朋友)的收益,而与被试自身的收益无关。在完成讲解后,被试需填写关于实验指导语的问卷,问卷内容主要为对实验指导语细节的辨析,采用选择题的形式,目的是确保被试完全理解实验任务。随后,被试将完成5轮次的训练任务,训练任务的参数与正式实验完全不同,仅用来帮助被试熟悉整个实验流程。在训练任务结束后,主试会再次询问被试是否有其他问题,只有在确定被试对实验任务完全清楚后,才会让被试进入正式实验。在计算每部分最终收益时,主试将随机从每个部分的150次试次中抽取一次,将该试次所获得(或损失)的实验币值乘以0.05,加上初始决策本金15元,作为该部分的最终收益。随机抽取的操作使得每个试次被抽到的概率相等,从而保证被试对每个部分中的所有试次都一视同仁,并减少不经思考的胡乱选择。与预实验不同的是,在正式实验中我们采用了实验币值向人民币值转换的操作,这是因为在正式实验中可能结果的变化范围较大,受到实验成本的限制,我们将实验币值以0.05的比例转换为人民币值。值得注意的是,在决策收益者为自身时,被试获得的最终收益为自己在该部分决策中的收益与上一被试为下一被试(陌生人)决策所得到的收益之和。在决策收益者为朋友时,具体操作与预实验类似,即为在该部分开始前让被试写下一位好朋友的姓名和支付宝账号,以确保该决策条件的真实可信。主试会在实验结束后将被试为朋友决策所获得的收益现场通过支付宝转账给该朋友。在决策收益者为陌生人时,被试为下一位被试做决策所得到的收益将会被放在一个密封的信封里,并在"陌生人"决策部分开始时,与实验指导语一起交给下一位被试。这样做的目的是:一方面保证了下一位被试的决策不会被信封里的金额大小所影响;另一方面,确保下一位被试相信,"陌生人"决策条件不是想象的,而是真实存在的,并且确实会影响一位陌生人的收益。在实验中我们尽量避免了前后两位被试碰面,这种碰面在一定程度上会使被试产生共情,或者是亲切感,使得二者不再是绝对意义上的陌生人,从而缩短社会距离。

实验流程如图12.4所示,在每个决策试次中,屏幕上将首先呈现持续750毫秒的"＋"以提示一轮试次的开始。随后,屏幕上将展示两个圆圈。其中一个圆圈被等分为上下两部分,每部分包含一个值,表示风险选项中以等概率出现的两个潜在结果;另一个圆圈中只包含一个值,表示确定选项所对应的结果。被试需要按键选择想要接受风险选项还是确定选项。为了避免时间压力对决策偏好的影响,在决策环节我们并未设置时间限制,被试可以充分思考直到做出决定。被试按键选择后,所接受的选项会在屏幕上继续保留750毫秒,而未被选中的选项则会消失。与预实验中的操作一样,选项的最终结果不会被呈现,但会被记录下来。750毫秒的空白屏在每个试次的最后呈现,提示该试次结束。

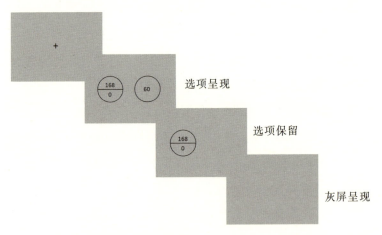

图12.4　正式实验流程(以为自己决策为例)

图片来源:作者绘制。

　　为了对三种实验条件加以区分，我们用无小人、两个手拉手的小人、一个小人分别表示决策收益者为自己、朋友和陌生人的风险决策情境（图12.5）。这种对三种决策收益者的直观表示，可以避免提示决策者从社会距离的角度做出决策，从而在一定程度上避免了可能出现的主试需求效应（experimenter demand effect）。

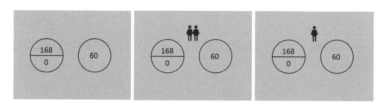

图12.5　不同社会距离的呈现方法

注：左、中、右三图分别代表为自己、朋友和陌生人决策。
图片来源：作者绘制。

　　每部分的150次决策中包含45次收益型决策、45次损失型决策、50次混合型决策，以及10次检验型捕捉试次（catch trial）。每种类型的决策试次以随机顺序呈现，下面将分别针对每种决策类型的参数设置进行具体说明。

　　1. 混合型决策

　　在混合型决策中，确定选项结果为0，风险选项包含等概率的一个潜在损失值和一个潜在收益值。其中，潜在收益值的变化范围与收益或损失型决策类型一致，具体为50~90实验币，增幅为10。潜在损失值由潜在收益值与不同的乘子分别相乘产生。乘子的变化范围为0.3~1.2，增幅为0.1（表12.1）。

表12.1　混合型试次的参数设置（以金额量级为50为例）

乘子	确定选项	风险选项	
		$P_1=0.5$	$P_2=0.5$
0.3	0	−15	50
0.4	0	−20	50
0.5	0	−25	50
0.6	0	−30	50
0.7	0	−35	50
0.8	0	−40	50
0.9	0	−45	50
1.0	0	−50	50
1.1	0	−55	50
1.2	0	−60	50

资料来源：作者整理。

在设置乘子范围时，实验主要考虑了两个重要值：0.5和1.0。乘子为0.5时，潜在收益为潜在损失值的2倍。一些重要文献指出当收益为损失的2倍时，二者的心理效用大致可以相互抵消（Tversky、Kahneman，1992）。乘子为1.0时，潜在收益等于潜在损失，此时风险选项的数学期望与确定选项相等。同时，在其他一些文献中，1.2~1.5倍于损失的收益值所对应的正效用能抵消损失所带来的负效用（Schulreich、Gerhardt、Heekeren，2016；Sokol-Hessner et al.，2009）。因此我们认为在混合型决策中，行为上发生接受风险选项向拒绝风险选项转变的"拐点"应该出现在乘子为0.5~1.0的范围内。同时，为了包含更多的可能情况，如更高的损失厌恶程度，或者是被试不具有损失厌恶的特征，我们将乘子值向上向下进行了一定程度的对称延伸,最终确定了0.3~1.2的乘子范围。

2. 收益型决策

在收益型决策中,确定选项的变化范围为50~90实验币,增幅为10。每个风险选项包含等概率的两个可能结果,其中一个为0,另一个由确定选项金额分别乘以9个乘子产生(变化范围为1.2~2.8,增幅为0.2)(表12.2)。9个乘子关于2.0(风险选项期望值与确定选项期望值相等)对称,故风险选项期望大于确定选项期望的试次,与风险选项期望小于确定选项期望的试次数量相等。这种对称的乘子设定能够让我们借助被试对风险选项的接受比例粗略推断被试在该决策类型下的风险态度。在收益型决策中:如果该被试对风险选项的接受比例大于50%,则可大致判断出被试在收益型决策下是风险偏好的;如果被试对风险选项的接受比例小于50%,则可大致判断出被试在收益型决策下是风险规避的;如果被试对风险选项的接受比例约等于50%,则可大致判断出被试在收益型决策下是风险中性的。

表12.2 收益型试次的参数设置(以金额量级为50为例)

乘子	确定选项	风险选项	
		$P_1 = 0.5$	$P_2 = 0.5$
1.2	50	60	0
1.4	50	70	0
1.6	50	80	0
1.8	50	90	0
2.0	50	100	0
2.2	50	110	0

续表

乘子	确定选项	风险选项	
		$P_1 = 0.5$	$P_2 = 0.5$
2.4	50	120	0
2.6	50	130	0
2.8	50	140	0

资料来源:作者整理。

3. 损失型决策

损失型决策与收益型决策相互对应,其差异在于所有可能结果均为负值,即确定选项的范围为−50~−90,降幅为10。风险选项包含两个等概率的可能结果——0和由确定选择值与乘子相乘所产生的更大的损失值。其中乘子的变化范围与收益型决策相同,皆为1.2~2.8(增幅为0.2)(表12.3)。与收益型决策类似,被试在损失型决策下对风险选项的接受比例也可用来推断被试在该风险决策类型下的风险态度。此外,设置损失型决策与收益型决策的选项互为相反数的目的是通过比较被试在两种对称决策类型下的非对称选择,计算损失、收益在效用上的差异。

表12.3 损失型试次的参数设置(以金额量级为50为例)

乘子	确定选项	风险选项	
		$P_1 = 0.5$	$P_2 = 0.5$
1.2	−50	−60	0
1.4	−50	−70	0
1.6	−50	−80	0
1.8	−50	−90	0

续表

乘子	确定选项	风险选项	
		$P_1 = 0.5$	$P_2 = 0.5$
2.0	−50	−100	0
2.2	−50	−110	0
2.4	−50	−120	0
2.6	−50	−130	0
2.8	−50	−140	0

资料来源:作者整理。

4. 检验型决策

检验型决策随机分布在每个决策部分的150个试次中。被试对检验型决策试次的决策行为可以作为检验被试在实验中是否认真思考的标准。在参数设置上,确定选项与收益型和损失型决策中的确定选项范围相同,即收益型为50~90,损失型为−50~−90。对于收益型决策中的确定选项,其对应的风险选项为0和一个小于确定选项大小的收益数值,所以无论风险选项的最终结果为何,都不会优于确定选项,因此确定选项是绝对占优的。同理,对于损失型决策中的确定选项,其对应的风险选项为0和一个小于确定选项大小的损失数值,此时风险选项是绝对占优的。如果在检验型决策中,被试没有选择占优策略,则证明其没有经过认真思考就做出选择,此类被试的数据应该考虑剔除。

(三)实验结果

正式实验采用被试内设计,被试分别针对三种不同实验条件——决策收益者为自身、朋友和陌生人——完成包含混合型、收益型、损失型、检验型的150次风险决策。在本部分,我们将比较三种实验条件下,决策的反应时、决策者对风险选项的接受率以及损失厌恶的差异。

1. 操纵检查

操纵检查作为数据分析的第一步,主要用来判断被试是否在社会距离不同的决策中都保证认真,以排除因注意力分配不同所导致的自我–他人决策行为差异(Barrafrem、Hausfeld,2019)。比方说:当决策收益人为自己时,被试所得与自己的决策行为直接相关,因此被试会认真对待相关决策,但是当决策收益人为陌生人或者朋友时,决策收益者的最终所得并不会对决策者的最终收益造成任何影响,所以被试没有动机在这两种决策条件中仍保持认真的态度。

操纵检查应用的数据为每种决策条件中的10个检验型决策试次。该10个决策试次随机分布在混合型、收益型、损失型三种决策类型中,并包含绝对占优的选项(如:风险选项为以50%概率得到30,以50%概率得到0,确定选项为确定得到50,所以确定选项为占优选项)。被试在三种决策条件下选择占优选项的数量均值均接近检验型决策试次总数10,具体均值为:

$$M_{self} = 9.98, \ M_{stranger} = 9.98, \ M_{friend} = 9.38,$$

标准差分别为:

$$SD_{self} = 0.65, \ SD_{stranger} = 0.91, \ SD_{friend} = 1.39。$$

被试内重复测量ANOVA方差分析结果显示,三种决策条件下,选择占优选项的数量不存在显著差异($p = 0.306$)。换言之,对检验型决策试次的分析表明,无论决策收益者的身份是谁,决策者在完成风险决策任务时的态度都是认真且无差的。

2. 损失厌恶程度间接指标

（1）反应时

首先，我们剔除了反应时中的异常值（outlier）。针对每一种决策条件，我们计算了该条件下所有决策试次的反应时的均值和标准差，并将位于均值加减2倍标准差范围以外的反应时定义为异常值并在对反应时的分析中将其剔除。过长的反应时可能意味着注意力不集中，而过短的反应时则可能意味着决策时未经思考或键盘误按，因此予以剔除，从而保证反应时数据更能反映被试真实的思考时间。与预实验类似，在正式实验中我们也通过反应时热区图粗略比较被试对损益的敏感程度。在预实验中，我们绘制了关于绝对增（降）幅变化的反应时热区图，但由于正式实验中通过操纵乘子来产生不同的决策选项，因此反应时热区图也是根据乘子的变化来绘制的。从图形美观性以及分析难度的角度考虑，我们将乘子两两合并后进行分析。我们仍用颜色深浅来表示反应时长短，其中颜色越深表示反应时越长，颜色越浅表示反应时越短。在对反应时进行分析时，我们重点关注反应时最长的试次分布，在这些试次中被试对哪个选项感到难以抉择，就反映了被试选择风险选项和确定选项的决策边界。

此外，由于正式实验中包含三种不同的决策类型（检验型决策仅用来进行操纵检验，不进入其他分析），我们将对混合型、收益型、损失型风险决策类型对应的反应时结果分别进行汇报。

A. 混合型决策

图12.6展示了混合型风险决策中，为自己（左）、朋友（中）

和陌生人(右)决策时的反应时热区图。当决策收益者为自己时,决策边界出现在潜在损失为 0.7~0.8 倍于潜在收益的选项中;而在决策收益者为朋友时,表征决策边界的最长反应时对应 0.9~1.0 的乘子;在决策收益者为陌生人时,相应乘子为 1.1~1.2。简而言之,随着社会距离的增加,与潜在收益效用相抵消的潜在损失值呈现增大趋势。这也在一定程度上说明,被试在混合型收益中,对潜在损失的敏感程度随社会距离的增加而降低。

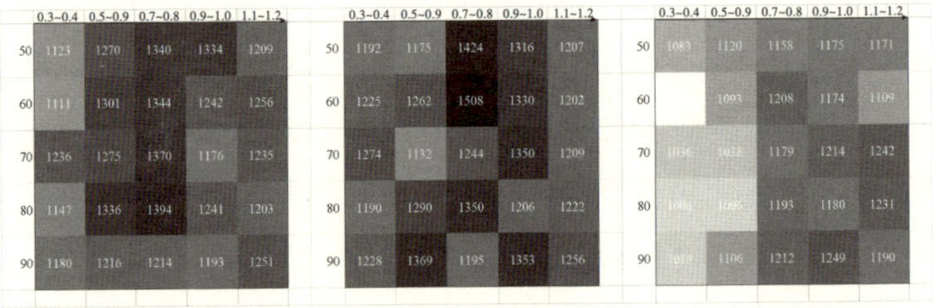

图 12.6　混合型风险决策中,不同社会距离下的决策反应时热区图

注:左、中、右三图分别代表为自己、朋友和陌生人进行决策。其中,颜色越深表示反应时越长,颜色越浅表示反应时越短,方框中的数据为平均反应时,单位为毫秒。

图片来源:作者绘制。

B.收益型决策

图 12.7 展示了收益型风险决策中,为自己(左)、朋友(中)和陌生人(右)决策时的反应时热区图。当决策收益者为自己时,决策边界出现在潜在收益为 2.2~2.4 倍于确定收益的选项中;而在决策收益者为朋友时,反映决策边界的最长反应时对应 2.2~2.4 的乘子;在决策收益者为陌生人时,潜在收益约 2.0

倍于确定收益时达到被试的决策边界。简而言之,在收益型决策中,决策者表现出对确定性收益的偏好,即风险规避的行为特征。但随着社会距离的增加,这种对风险规避的偏好出现了一定程度的减弱。

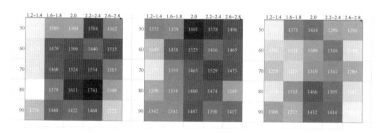

图12.7 收益型风险决策中,不同社会距离下的决策反应时热区图

注:左、中、右三图分别代表为自己、朋友和陌生人进行决策。其中,颜色越深表示反应时越长,颜色越浅表示反应时越短,方框中的数据为平均反应时,单位为毫秒。

图片来源:作者绘制。

C.损失型决策

图12.8展示了损失型风险决策中,为自己(左)、朋友(中)和陌生人(右)决策时的反应时热区图。当决策收益者为自己时,决策边界出现在潜在损失为2.0~2.4倍于确定损失的选项中。而在决策收益者为朋友和陌生人时,反映决策边界的最长反应时对应1.6~2.0的乘子。简而言之,在损失型决策中,决策者表现出对不确定性损失的偏好,即风险寻求的行为特征。但随着社会距离的增加,这种风险寻求的特征出现了一定程度的减弱。

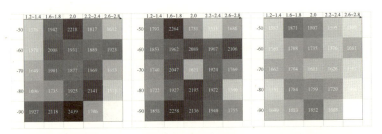

图12.8　损失型风险决策中,不同社会距离下的决策反应时热区图

注:左、中、右三图分别代表为自己、朋友和陌生人进行决策。其中,颜色越深表示反应时越长,颜色越浅表示反应时越短,方框中的数据为平均反应时,单位为毫秒。

图片来源:作者绘制。

　　值得注意的是,为了增强图片的可读性,我们对乘子进行了归类合并,因而损失了关于某个具体乘子的反应时差异信息,这可能导致在损失型风险决策中,为自己和为他人决策时的决策边界在热区图中差别并不明显。

　　(2)风险选项接受率

　　在实验范式部分,我们已经对每种决策类型的乘子设置依据进行了阐述,并提出通过对被试风险选项接受率的分析可以粗略推断被试在该决策类型下的风险态度。所以,本部分将通过绘制折线图来反映不同风险决策类型中,风险选项接受率随乘子增大的变化趋势,比较社会距离对风险态度的影响。其中,风险选项接受率为某一乘子下,被试接受风险选项的数量与全部试次数量之比。接下来,我们将对混合型、收益型、损失型风险决策类型对应的风险选项接受率结果分别进行汇报。

　　A.混合型决策

　　如图12.9所示,在混合型风险决策中,风险选项接受率随乘子的增大而降低。并且,从整体上看,代表下一受试者(陌生人)的曲线位于代表朋友和决策者自身的曲线上方。朋友和决策者自身的曲线类似,但代表朋友的曲线所处位置略高。由此可见,为陌生人决策时的风险选项接受率总是高于为自己和朋友决策时。此外,与决策边界(风险选项接受率为50%时)所对应的乘子,在为陌生人决策时最大,其次是为朋友决策,而在为自己决策时最小,并且均小于使风险选项和确定选项相等的乘子1.0。这说明,从总体上看,决策者在混合型风险决策中表现出风险规避的行为特征,并且风险规避程度随着社会距离的增加而降低。这种风险规避的差异是由对损失敏感程度的不同导致的,面对同等大小的损失值,在为自己决策的实验条件下,需要用更大的收益值来弥补,才能达到选择"风险"和"确定"的决策边界。而在为陌生人决策的实验条件下,则不需要那么大的潜在收益值即可达到决策边界。基于上述分析,我们得出,在混合型风险决策中,决策者对损失的敏感程度随社会距离的增加而降低。

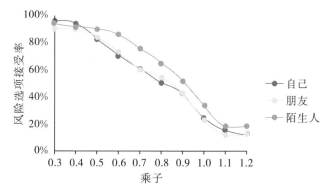

图12.9　混合型风险决策中,风险选项接受率随乘子变化情况
图片来源:作者绘制。

B.收益型决策

如图12.10所示,在收益型风险决策中,风险选项接受率随乘子的增大而上升。而且,为自己决策时的风险选项接受率总是低于为朋友和陌生人决策时。此外,与决策边界(风险选项接受率为50%时)所对应的乘子,在为陌生人决策时最小,其次是为朋友决策,而在为自己决策时最大,并且均大于使风险选项和确定选项相等的乘子2.0。这说明,从总体上看,决策者在收益型风险决策中表现出风险规避的行为特征,并且风险规避程度随着社会距离的增加而降低。

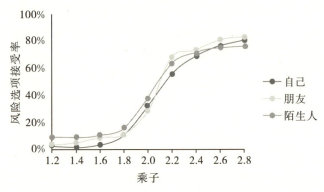

图12.10 收益型风险决策中,风险选项接受率随乘子变化情况
图片来源:作者绘制。

C.损失型决策

如图12.11所示,在损失型风险决策中,风险选项接受率随乘子的增大而降低。而且,为自己决策时的风险选项接受率总是高于为朋友和陌生人决策时。此外,与决策边界(风险选项接受率为50%时)所对应的乘子,在为朋友和陌生人决策时小于为自己决策时,但三种实验条件下决策边界所对应的乘子总

是不小于风险选项和确定选项相等的乘子2.0。这说明,从总体上看,决策者在损失型风险决策中表现出风险寻求的行为特征,并且风险寻求程度随着社会距离的增加而降低。

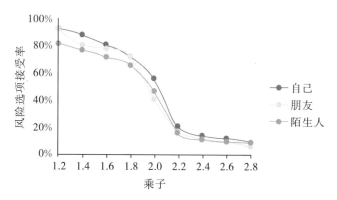

图12.11　损失型风险决策中,风险选项接受率随乘子变化情况
图片来源:作者绘制。

3. 损失厌恶值的直接估计

从损失厌恶的间接指标(反应时、风险选项接受率),我们可以大致推断和比较决策者在不同决策条件下的风险态度与损失厌恶程度,但无论是反应时还是风险选项接受率都不能提供关于风险态度和损失厌恶的直观量化表达。基于此,我们将对预实验中的简化的线性效用模型进行优化,构建基于前景理论曲线型价值函数的结构模型,并用最大似然估计(maximum likelihood estimation,MLE)的方法来估计风险态度和损失厌恶值。

在结构模型中,决策者选择风险选项的概率被定义为(Rutledge et al.,2014;Rutledge et al.,2015):

$$P_{\text{gamble}} = \frac{1}{1 + e^{-\mu(U_{\text{gamble}} - U_{\text{certain}})}}。$$

其中,μ 代表了随机程度。U_{gamble} 和 U_{certain} 分别代表风险选项和确定选项的效用值,并可分别通过如下表达式进行计算:

$$\begin{cases} U_{\text{certain}} = (x_{\text{certain}})^\alpha, & \text{如果 } x_{\text{certain}} \geqslant 0; \\ U_{\text{certain}} = -\lambda(-x_{\text{certain}})^\alpha, & \text{如果 } x_{\text{certain}} < 0; \\ U_{\text{gamble}} = 0.5(x_{\text{gain}})^\alpha - 0.5\lambda(-x_{\text{loss}})^\alpha。 \end{cases}$$

其中,待估计的参数为风险态度参数 α 和损失厌恶参数 λ。风险态度参数 $\alpha < 1$ 说明了效用函数在收益域是凹函数,而在损失域是凸函数。α 的值越小意味着收益域的风险规避程度和损失域的风险寻求程度更高;α 越趋近于 1 意味着风险态度越趋近于风险中性(Harrison,2008;Sokol-Hessner et al.,2009)。如果被试是损失厌恶的,则损失厌恶参数 $\lambda > 1$;与之相反,如果被试是收益寻求(对收益比对等额损失更敏感)的,则损失厌恶参数 $\lambda < 1$;而如果被试对收益和损失的敏感程度相同,则损失厌恶参数 $\lambda = 1$(Harrison,2008;Köbberling、Wakker,2005)。为了比较不同决策条件下的风险态度参数 α 和损失厌恶参数 λ 的差异,模型还引入了虚拟变量来表达三种不同的决策条件。最后,通过在 Stata 12 中编写代码,我们采用最大似然估计方法估计三种决策条件下的风险态度参数 α 和损失厌恶参数 λ 的具体值。估计的结果如表 12.4、表 12.5 所示,其中最右侧一列表示删去极端被试后的估计结果。极端被试在本实验中被定义为对所有决策试次都给予相同的按键选择的被试。

表12.4　对损失厌恶程度的估计结果（以为自己决策为参照组）

项目		估计	
		全部被试	删去极端被试
alpha（风险态度）	Stranger（陌生人）	0.0511* （2.56）	0.0320* （2.00）
	Friend（朋友）	0.0437* （2.01）	0.0250 （1.24）
	常数项	0.909*** （42.58）	0.934*** （50.05）
lambda（损失厌恶）	Stranger（陌生人）	−0.122* （−2.54）	−0.176*** （−3.68）
lambda（损失厌恶）	Friend（朋友）	0.0282 （0.70）	−0.0292 （−1.04）
	常数项	1.201*** （17.65）	1.273*** （20.90）
LNmu（随机项）	Stranger（陌生人）	0.429** （2.77）	0.288* （2.39）
	Friend（朋友）	0.292 （1.91）	0.178 （1.37）
	常数项	2.353*** （18.17）	2.342*** （16.60）
试次数		16800	14280

注：括号内为 t 值，*表示 $p < 0.05$，**表示 $p < 0.01$，***表示 $p < 0.001$。
资料来源：作者整理。

表12.5 对损失厌恶程度的估计结果(以为陌生人决策为参照组)

项目		估计	
		全部被试	删去极端被试
alpha(风险态度)	Self(自己)	−0.0511* (−2.56)	−0.0320* (−2.00)
	Friend(朋友)	−0.00735 (−0.35)	−0.00701 (−0.37)
	常数项	0.960*** (40.04)	0.966*** (43.68)
lambda(损失厌恶)	Self(自己)	0.122* (2.54)	0.176*** (3.68)
	Friend(朋友)	0.151** (2.74)	0.146** (2.82)
	常数项	1.078*** (16.14)	1.098*** (19.65)
LNmu(随机项)	Self(自己)	−0.429** (−2.77)	−0.288* (−2.39)
	Friend(朋友)	−0.137 (−0.85)	−0.111 (−0.88)
	常数项	2.781*** (15.62)	2.631*** (16.08)
试次数		16800	14280

注:括号内为 t 值,*表示 $p<0.05$,**表示 $p<0.01$,***表示 $p<0.001$。
资料来源:作者整理。

从表12.4、表12.5中可以看出,删除和不删除极端被试,对估计结果的大小和显著性影响不大。但是为了使结果更严谨和具有说服力,我们仅描述删除极端被试后的结果,并在结果讨论部分也仅对删除极端被试的结果进行讨论。

首先,风险态度参数 α 反映了决策者的风险态度,在三种

实验条件下,决策者的α均小于1,这再一次验证了前景理论中
所描述的"价值函数在收益域是凹函数,在损失域是凸函数"。
并且,尽管最大似然估计结果仅证实了为自己和陌生人决策时
α的显著差异,但我们仍能观察到α按照为自己、朋友、陌生人
决策的顺序依次增大的趋势。

　　从回归结果中的损失厌恶参数λ我们可以看出,相比于为陌
生人决策而言,为自己(见表12.5,以陌生人为参照组时,自己虚
拟变量的系数是0.176)和为朋友(以陌生人为参照组时,朋友虚
拟变量的系数是0.146)决策的损失厌恶参数λ显然更大。当比
较为自己和朋友决策时的损失厌恶差异时,虽然我们仍然能观
测到为自己决策时损失厌恶参数λ更大的趋势(以为自己决策为
参照组时,朋友虚拟变量的系数为负),但该系数没有达到显著
性水平。损失厌恶的绝对值及差异显著性见图12.12。

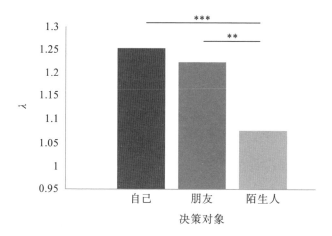

图12.12　不同社会距离下的损失厌恶估计值

注:*表示$p < 0.05$,**表示$p < 0.01$,***表示$p < 0.001$。
图片来源:作者绘制。

在整体层面观察到了损失厌恶差异的趋势后，我们对损失厌恶进行了基于个体层面的估计（表12.6）。排除无法迭代出结果的被试后，我们采用SPSS 20对估计值进行了被试内单因素方差分析（社会距离：自己 vs 朋友 vs 陌生人），统计结果显示社会距离的主效应显著[$F(2,56)=7.71, p=0.001, \eta^2=0.22$]。后续的配对样本$t$检验结果显示，损失厌恶参数$\lambda$在为自己决策时显著大于为陌生人决策时（$t=3.81, p=0.001$），且为朋友决策时的损失厌恶参数$\lambda$大于为陌生人决策时（$t=2.52, p=0.018$），但为自己与为朋友决策时的差异不显著（$p>0.05$）。

表12.6　个人层面损失厌恶估计值的描述性统计

决策对象	极小值	极大值	均值	标准差
自己	0.89	1.92	1.36	0.34
朋友	0.92	2.07	1.32	0.36
陌生人	0.75	1.94	1.15	0.30

资料来源：作者整理。

第三节　结果与讨论

本章通过一项预实验和一项正式实验，全面探讨了在包含混合型、收益型和损失型三种类型的风险决策中，社会距离对损失厌恶的影响。我们通过反应时、风险选项接受率等间接指标和损失厌恶估计值这一直接指标的分析和比较，发现损失厌恶随着社会距离的增加而减弱，这一结论证实了基于解释水平理论的假设，却没有为基于后悔理论的假设提供证据。

在实验结果部分，我们首先比较了决策的反应时、风险选项接受率这两项间接指标。在混合型、收益型和损失型风险决策中,三种不同社会距离所对应的反应时热区图以及风险选项接受率随乘子变化的折线图显示:

在混合型风险决策中,为陌生人、为朋友、为自己决策时对风险选项的接受率依次降低,并且选择风险选项和确定选项的决策边界大致与乘子0.8(为自己)、0.85(为朋友)和0.9(为陌生人)相对应。这说明,无论在哪种实验条件下,被试对潜在损失总是比对潜在收益更加敏感,并且对潜在损失的敏感程度随社会距离的增加而降低。

在收益型风险决策中,决策者表现出风险规避的行为特征,与前景理论"价值函数在收益域是凹函数"的定性描述保持一致。此外,通过对决策边界的分析,我们观察到风险规避程度按照为陌生人、为朋友、为自己决策的顺序依次提升。

在损失型风险决策中,决策者表现出风险寻求的行为特征,与前景理论"价值函数在损失域是凸函数"的定性描述保持一致。此外,通过对决策边界的分析,我们观察到风险寻求程度按照为陌生人、为朋友、为自己决策的顺序依次提升。

总之,通过对不同社会距离下反应时、风险选项接受率等间接指标的分析,我们印证了"价值函数在收益域是凹函数而在损失域是凸函数",以及决策者对损失比对收益更加敏感的函数特征,并揭示了社会距离对价值函数的影响。具体表现为,随着社会距离的增加,决策者对潜在损失的敏感程度降低,在收益型风险决策中的风险规避程度降低,在损失型风险决策中的风险寻求程度降低。

本章还对损失厌恶值进行了直接估计。正式实验所采用的结构化模型是对预实验中采用的简化线性模型的修正和完善。对结构化模型的最大似然估计结果显示:在为不同社会距离的对象决策时,风险态度在收益域表现为风险规避,在损失域表现为风险寻求。这一特征与前景理论中对价值函数特征的描述一致。此外,通过对风险态度系数 α 的比较,我们发现随着社会距离的递增,风险态度逐渐趋近风险中性。而在损失厌恶参数 λ 的估计值方面,我们发现随着社会距离增加,损失厌恶参数逐渐减小的变化趋势。

值得注意的是,在比较社会距离导致的损失厌恶差异时,我们虽然观察到了为自己和为朋友决策时的损失厌恶参数的趋势差异,但该差异没有达到统计上的显著水平。我们认为这是因为社会距离差异最大的自己和陌生人之间的损失厌恶差异范围本就不大,而社会距离位于二者之间的朋友组的损失厌恶变化范围很小,因此与二者的差异很难同时达到显著水平。

本章的主要目的在于全面地揭示不同风险决策类型中社会距离对损失厌恶产生的影响。研究采用了被试内设计的行为实验,通过要求被试为自己、朋友和陌生人决策来操纵社会距离的长短。实验结果通过对损失厌恶的间接和直接表达证明了:决策者所表现出的损失厌恶按社会距离由短到长(自己、朋友、陌生人)的顺序依次减弱。

总而言之,本章包含一项范式简单(仅涉及混合型风险决策)的预实验和一项全面的包含多种风险决策类型的正式实验。正式实验在预实验的实验范式上进行了拓展:将预实验中的混合型风险决策拓展为混合型、损失型、收益型三种类型的风险决策;在分析方法上,将简化的线性模型拓展为基于前景理论的曲线型模型,从而更真实准确地表达风险试次的效用。本章通过行为实验证实了风险决策中的损失厌恶随社会距离的增大而减弱这一现象的普遍存在性。行为实验的顺利开展也为后续实验的范式设计、参数设置、时长控制等奠定了良好的基础。本章的目的在于证明社会距离会对决策者的损失厌恶产生影响,从而为后续研究奠定基础,但本章的行为实验并不需要涉及对行为差异背后的机制的探讨。因此从实验目的角度讲,行为学实验方法是最佳选择。此外,相比于采用认知神经科学实验方法的后续研究,行为实验可以不囿于认知神经科学实验方法的局限性。具体而言,认知神经科学实验要求每种实验条件下的有效试次达到25~30次(Luck,2005),并在分析时对有效试次进行叠加平均,这必然会导致试次层面上的信息损失,也无法得到基于每一种潜在损失-收益组合的数据结果。因此首先采用行为实验获得基于个体、试次层面的行为数据,再通过后续研究获取基于平均试次的大脑决策加工层面的数据,可以有效实现研究结论的相互补充和完善。

第十三章 价值评估阶段中社会距离影响损失厌恶的感知加工机制

本章将通过一项功能性磁共振成像(fMRI)实验,探明社会距离影响损失厌恶的内在机制。上一章中的行为实验已经证实了社会距离影响损失厌恶的现象。其中:为自己决策时的损失厌恶程度远高于为朋友和陌生人决策时;与为陌生人决策相比,为朋友决策时的损失厌恶程度也更高。但是,这一影响的内在成因尚不明确。以往关于为他人决策导致损失厌恶差异的研究主要集中在行为层面,对现象的解释也只停留在假设和理论推导层面(Andersson et al., 2014; Liu et al., 2017; Mengarelli et al., 2014; Polman, 2012),而就损失厌恶差异的真正成因缺乏实质性的证据。

为了完善决策理论体系,本章将从大脑决策加工的角度揭示社会距离影响损失厌恶的"黑箱"。我们认为在面对不同社会距离的对象时,决策者对决策信息的感知加工不同。本章将借助高空间分辨率的功能性磁共振成像技术,分析被试在不同实验条件下的脑区激活情况,从而探究为社会距离不同的对象完成风险决策时,个体的认知加工过程,从社会距离的视角阐明损失厌恶差异产生的内在原因。行为决策本质上是由大脑做出的,研究大脑的决策加工过程将有助于我们了解决策差异产生的本质。因此,本章将结合与认知加工相关的激活脑区以及行为层面的损失厌恶数据,探讨不同决策条件下的认知加工过程差异如何影响损失厌恶,从而从根本上揭示社会距离对损失厌恶影响的感知加工机制,从行为层面到大脑认知加工层面,对社会距离影响损失厌恶的现象进行全面剖析。

在磁共振成像实验中,一方面通过仪器扫描记录被试在决策过程中的脑部信号,另一方面还会收集被试在行为层面的决策选择数据。在本章中,我们将借助功能性磁共振成像技术,收集与分析行为层面和脑区激活层面的数据,随后从决策加工的内在机制入手,揭示损失厌恶差异的成因。

在大脑决策加工层面上,我们将主要观察凸显网络、中央控制网络以及与心智理论相关的脑区。下面我们将对相关的功能网络和脑区进行具体介绍,并对其如何参与社会距离影响损失厌恶的感知加工过程进行预测。

1. 凸显网络及中央控制网络

本书的第九章已经对高解释水平与渴望性,以及低解释水平与可行性之间的相关关系进行了综述。具体到本实验中,社会距离越远,个体越倾向于采用高解释水平,从而导致对任务的可行性关注度越低,而更多地关注任务的渴望性(Liberman、Trope,1998;Trope、Liberman,2003),即对刺激相关的具体信息关注越少,而把注意力越多地集中在对结果的预期上。因此,当社会距离较远时,决策者对刺激本身以及实现预期的过程关注较少,从而导致在价值评估阶段,对实验刺激的感知重要性和凸显性减弱(Uddin,2015),具体表现为凸显网络相关脑区的激活减弱,进而影响与任务相关的中央执行网络的脑区激活情况(Bressler、Menon,2010;Menon,2015),并增加注意力的分配,使个体在警觉的状态下实现对该任务或刺激的认知加工。所以,我们认为,社会距离越远,决策任务的感知重要性和凸显性越弱,具体表现在与凸显网络相关的脑区激活越弱。社会距离越远,对决策任务认知加工所分配的注意力和警觉性越少,具体表现在与中央执行网络相关的脑区激活越弱。

2. 心智理论及其相关脑区

预测和解释他人行为的能力与心智理论(theory of mind, ToM)有关。一般而言,心智化能力越强的人,越能理解他人的想法,体会他人的情绪,预测他人的行为,在为他人和为自己决策中表现出的行为上的差异越小(Decety、Lamm,2007;Singer, 2006)。已有研究表明了心智理论与内侧前额叶皮质、颞顶联合区等脑区的激活呈正相关(Denny et al.,2012;Mahy、Moses、Pfeifer,2014;Saxe、Kanwisher,2003;Saxe、Wexler, 2005)。因此,我们认为,为社会距离不为零的朋友和陌生人决策时,决策者更多地发挥了心智化能力,具体表现为与ToM相关的脑区产生正性激活。为朋友决策比为陌生人决策时运用了更多的心智化能力,具体表现在与ToM相关脑区激活更强。

第一节 实验被试

在以往采用磁共振成像技术研究损失厌恶的文献中,基于磁共振成像实验的操作的复杂性和极高的实验成本,按照国际惯例所测量的被试人数一般不超过 20 人(Chandrasekhar Pammi et al.,2015;Chib et al.,2012;Krawczyk、D'esposito,

2013）。在一项比较经典的发表在 *Science* 上的研究中，研究者收集了 16 个被试的行为和磁共振数据（Tom et al.，2007）。通过对其样本量的借鉴，本实验招募了 17 名浙江大学的在校学生（6 名女性、11 名男性）作为磁共振成像实验的被试。被试的平均年龄为 24 岁，年龄的标准差为 2.65 岁。所招募的 17 名被试均符合磁共振实验的基本要求：身体及精神状态良好，右利手，体重正常，无肥胖症，视力正常或矫正后正常，没有幽闭恐惧症，体内没有不可取下的金属（如牙套、钢板、钢钉），无文身，无染发，并保证在实验前三天未饮酒，未进行剧烈运动，未在实验开始前饮用浓茶或者咖啡。在招募被试时，主试会介绍磁共振技术在科学研究中的广泛应用，声明磁共振成像实验的安全无害性。被试在全面了解实验任务和过程后会阅读并签署知情同意书，表明自愿参与该实验。实验过程通过浙江大学神经管理学伦理委员会的伦理审查。

每名被试可以获得 20 元的出场费，并在实验开始前得到 40 元作为决策的初始本金，最终的决策所得将根据被试所做的决策在 0~84 元浮动。被试费为出场费和决策所得之和。

第二节　实验范式

上一章中我们通过预实验和正式实验证明了风险决策实验范式在行为上的可行性，并且两种范式的结论保持一致。因此，从严格意义上讲，本章中继续采用上一章行为实验中的预实验或正式实验的范式都是可行的，但出于对实验时长以及被试认知负荷的考虑，我们将采用更加简便的混合型风险决策范式（如预实验），但在参数设置上根据 fMRI 实验的被试费进行了一定的调整。本章所采用的具体范式如下。

本实验共包括三个部分，分别对应与决策者社会距离不同的决策收益者：决策者自己、朋友、陌生人。在被试内采用拉丁方随机排列的方法呈现实验的三个部分。每个部分包含81次混合型风险决策试次，在每个试次中决策者有50%概率得到一定金额（潜在收益），有50%概率损失一定金额（潜在损失）。潜在收益或损失值的变化范围均是12~44元，增幅步长为4元。每部分的实验试次按随机顺序呈现。

实验的流程如图13.1所示。每个试次以"+"开始，"+"的呈现持续500毫秒，用以提醒被试本轮次的风险决策即将开始，请被试集中注意力。随后，风险决策试次在屏幕中间呈现，实验用一个左右等分的圆圈表示等概率的潜在收益和潜在损失值，用"¥"加数字表示收益或损失金额，以文字"得到"和"失去"表示得失，得失呈现的左右位置也是随机分布的。圆圈的上方呈现决策收益者身份，圆圈的下方则是针对风险决策接受程度的可选选项，其中，1、2分别代表非常愿意接受和愿意接受，3、4分别代表不愿接受和非常不愿接受。在如图13.1所示的决策试次中：如果被试选择"接受"，则有50%的概率得到30元，有50%的概率失去24元；反之，如果被试选择"拒绝"，则该轮次没有损失也没有收益。被试通过手中的按键进行选择，该选项呈现过程没有时间限制，直至被试完成按键选择才跳转到下一屏幕。按键后，被试所选的选项将会变白并呈现1000毫秒，提示被试该选项已被选中。最后以时长不等的空屏呈现提示该试次结束。本实验中仍以上一章中的方法操纵和呈现不同社会距离（图13.2）。

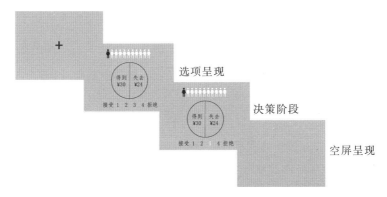

图13.1　磁共振成像实验流程图（以为自己决策为例）

图片来源：作者绘制。

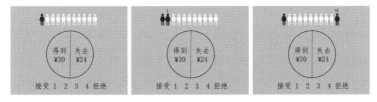

图13.2　不同社会距离的呈现方法

注：左、中、右三图分别代表为自己、朋友和陌生人决策。

图片来源：作者绘制。

为了激励被试认真对待每个决策试次，我们采取的操作与上一章一样，即在实验结束后从该部分中随机抽取一个决策试次，以该试次的最终结果（损失、收益或0）与初始决策本金40元之和作为该部分的全部所得。在实验结束后，主试会将被试的最终所得转账给被试，将为朋友决策的所得转账给实验前由被试提前确认的朋友，为陌生人决策的所得则通过支付宝捐赠给爱心工程项目。

磁共振成像实验的特殊性导致实验被试不太容易招募，且需要经过严格筛选。因此，我们在正式实验开始两周前就在学校的网上论坛发布被试招募信息,包括磁共振实验安全性以及被试筛选标准,符合条件的被试可以通过短信报名。接到被试报名后,主试将通过电话进行确认,并仔细核实被试是否满足全部要求,特别是"没有幽闭恐惧症"、"体内没有不可取出的金属"等可能影响实验安全的重要身体条件。在确认被试符合条件后,主试将告知被试实验的时间地点,并在实验开始前一天,再次与被试取得联系,确保被试按时出席。

被试来到实验室后首先在等待室内阅读指导语,随后在电脑上对实验任务进行简单的练习。练习试次的参数与实验任务的不同,也不会被计入结果,仅用来帮助被试熟悉实验范式。接着,主试向被试强调实验中的注意事项,告知被试如果在实验过程中感到不适,可以随时按下呼救铃,终止实验。在知晓实验全部流程后,被试签署知情同意书,换上专用服装,填写安全筛查表。在确认被试身上不携带任何金属后,主试引导被试戴好耳塞,进入磁共振扫描间并在磁共振成像设备中躺好(图13.3)。在确保被试没有任何疑问后,主试提醒被试调整到最舒服的姿势并在正式实验过程中保持头部不动,随后主试离开扫描间,并通过对讲机与被试沟通。

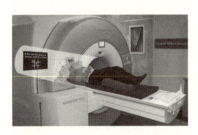

图 13.3 磁共振实验数据收集过程

图片来源:美国卡耐基梅隆大学认知脑成像中心。

本实验共分为三部分——为社会距离最近的自己、社会距离较近的朋友和社会距离最远的陌生人做决策。为了避免被试在决策前就产生为自己和他人决策的比较效应，从而制订针对不同实验条件的不同决策策略，使实验结果无法真实反映被试的偏好，被试仅在每一部分开始前阅读该部分的指导语。每部分实验时长约为10分钟，每部分结束后有一段休息时间，避免被试过度劳累。

第三节　实验结果

（一）行为数据分析

本实验任务用 Python 编写，在被试完成实验任务的过程中，除了 fMRI 数据外，行为数据也被实时记录下来。行为数据包括刺激呈现的时刻、被试的反应时、每个试次的潜在得失金额。被试的行为学数据在任务完成后自动保存在 Excel 表格中。我们主要采用 SPSS 20 和 Stata 12 对行为数据进行统计分析。

首先，我们计算了决策者在面对社会距离不同的决策收益者时对风险决策试次的平均接受率（被试接受风险试次的数量与全部试次数量之比）。结果显示，在为陌生人决策时，决策者对风险决策试次的平均接受率为47.28%，而在为朋友和自己决策时分别为42.99%和41.54%。从总体上看，决策者在为社会距离较远的群体决策时更加冒险，在行为上表现为对风险决策试次的接受率更高。

接下来,我们从整体水平计算不同实验条件下的损失厌恶。与上一章所采用的损失厌恶估计方法不同,在本实验中,损失厌恶被表达为接受－拒绝的决策边界,即被试达到对"接受"选项和"拒绝"选项无差异的无差异点时,以潜在收益及潜在损失之比作为损失厌恶系数(Gelskov et al.,2015;Gelskov et al.,2016)。具体步骤为:首先拟合以被试选择为因变量,潜在收益与潜在损失之比 $\text{ratio}_{\text{gain/loss}}$ 为自变量的 logit 模型 a,即

$$\text{logit}\left(P_{\text{accept}}\right)=\beta_0+\beta_{\text{ratio}}\,\text{ratio}_{\text{gain/loss}},$$

随后计算当选择"接受"和"拒绝"选项的概率相等(50%)时,潜在收益与潜在损失的比值,该比值即为损失厌恶程度(λ):

$$\lambda=\text{ratio}_{\text{gain/loss}}=\left[\text{logit}\left(P_{\text{accept}}=0.5\right)-\beta_0\right]\big/\beta_{\text{ratio}}\text{。}$$

这种算法的原理在于,当试次达到无差异点时,被试接受和拒绝该试次的效用相等且均为 0,此时损失厌恶恰好等于该试次所对应的潜在收益值与潜在损失值之比。

结果显示:决策者为社会距离最近的自己决策时,所表现出的损失厌恶估计值为 1.13;为社会距离稍远的朋友决策时,损失厌恶估计值为 1.09;而为社会距离最远的陌生人决策时,损失厌恶估计值为 1.03。可见,从总体上看,随着社会距离变远,行为层面上的损失厌恶呈现弱化趋势。

为了进一步从统计分析的角度比较同社会距离下的损失厌恶,我们对每名被试在每种决策条件下的损失厌恶值进行了逐个估计。结果显示,损失厌恶均值按照为自己($M=1.19,\text{SD}=0.30$)、朋友($M=1.14,\text{SD}=0.33$)和陌生人($M=0.98,\text{SD}=0.27$)决策的顺序递减。非参数检验结果显示:与为陌生人决

策相比,为自己($p=0.01$)和朋友($p=0.068$)决策时的损失厌恶程度更高,但为自己与朋友决策的统计结果没有达到显著水平。

(二)fMRI数据分析

在对fMRI数据进行分析时,我们首先采用MRIConvert将数据转换为分析软件可以识别的格式,随后采用国际上进行脑成像分析的主流软件SPM12(软件菜单界面如图13.4所示)对数据进行预处理和建模分析,最后采用xjView软件实现统计结果的可视化输出。本书在概念介绍部分对fMRI数据的预处理过程进行了详细的介绍。

图 13.4　分析软件SPM12菜单界面
图片来源:SPM12 Processing Manual。

fMRI数据的分析步骤如图13.5所示,即先对格式转换后的数据进行预处理,再根据实验范式和具体假设构建具体的数据分析矩阵,最后查看脑区激活结果。

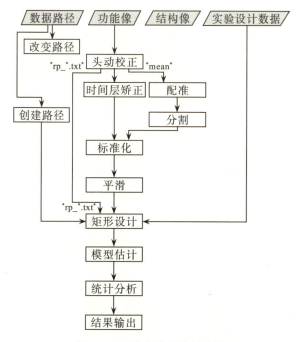

图 13.5 磁共振数据分析步骤

图片来源:SPM12 Processing Manual,由作者整理翻译。

功能性磁共振成像数据的统计分析主要通过两个阶段的建模实现。其中第一阶段建模(1st-level)是基于个体水平的建模,分析个体层面在具体决策过程中的脑区激活。首先对于每个被试的不同决策条件(决策收益者:自己 vs 朋友 vs 陌生人)进行建模。

图 13.6 呈现了仅考虑刺激呈现的时间(onset time)的矩阵模型。图 13.7 则呈现了考虑刺激呈现时间和试次期望价值(expected value,EV)两个参数的矩阵模型。其中头动数据(包括平动和转动)也作为回归参数纳入模型,并通过 SPM 12 实现模型参数估计。

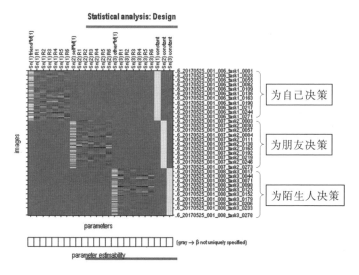

图 13.6　基于刺激呈现时间的一阶建模矩阵
图片来源：分析过程截图（采用SPM12分析）。

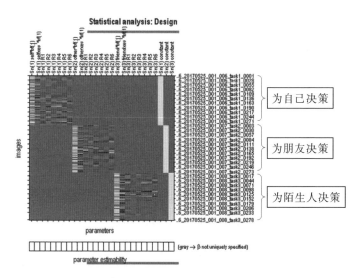

图 13.7　基于刺激呈现时间和期望价值的一阶建模矩阵
图片来源：分析过程截图（采用SPM12分析）。

在完成对一阶模型的参数估计后,我们需要采用基于群组水平的二阶建模(2nd-level)来实现对组间参数的统计分析。本实验主要采用单样本t检验提取每种实验条件下的脑区激活情况(图13.8),用配对样本t检验的方法实现对实验条件的两两比较(图13.9),并将0.005作为显著性水平,即当$p<0.005$时,视为统计显著。

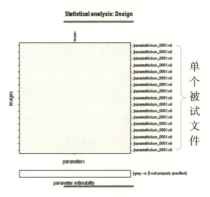

图13.8　基于单样本t检验的二阶建模矩阵

图片来源:分析过程截图(采用SPM12分析)。

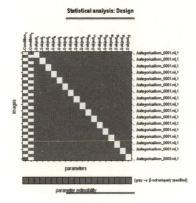

图13.9　基于配对样本t检验的二阶建模矩阵

图片来源:分析过程截图(采用SPM12分析)。

本实验中 fMRI 数据分析结果如下：

（1）基于刺激呈现时间的 fMRI 数据分析

激活脑区三视图展示了为自己决策与为陌生人决策时脑区激活的配对样本 t 检验结果（图 13.10、图 13.11），表 13.1 展示了为自己和陌生人决策时的脑区激活差异。相比于为陌生人决策，为自己决策诱发了更强的前扣带回皮质、脑岛和背外侧前额叶皮质激活。

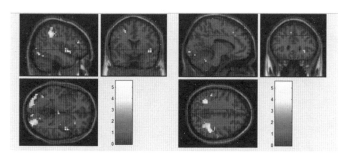

图 13.10　为自己和陌生人决策时的凸显网络激活差异
图片来源：作者绘制。

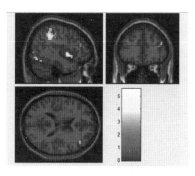

图 13.11　为自己和陌生人决策时的背外侧前额叶皮质激活差异
图片来源：作者绘制。

表13.1   为自己和陌生人决策时的脑区激活差异

脑区	体素数	坐标(x, y, z)	峰值
右脑岛	45	48,4,−2	5.15
前扣带回皮质	6	−10,31,38	3.30
背外侧前额叶皮质	7	41,34,18	4.00

资料来源:作者整理。

激活脑区三视图展示了为自己决策与为朋友决策时脑区激活的配对样本 t 检验结果(图 13.12、图 13.13),表 13.2 展示了为自己和朋友决策时的脑区激活差异。

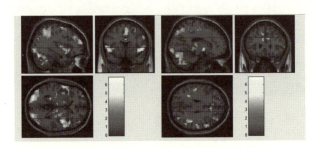

图 13.12   为自己和朋友决策时的凸显网络激活差异
图片来源:作者绘制。

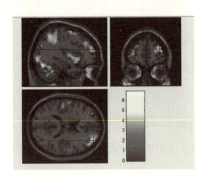

图 13.13   为自己和朋友决策时的背外侧前额叶皮质激活差异
图片来源:作者绘制。

表13.2　为自己和朋友决策时的脑区激活差异

脑区	体素数	坐标(x, y, z)	峰值
右脑岛	101	$48, 4, -2$	6.86
左脑岛	65	$-58, 10, 6$	5.11
前扣带回皮质	12	$10, 24, 26$	4.91
	8	$-7, 27, 22$	3.60
背外侧前额叶皮质	111	$34, 55, 18$	5.00

资料来源:作者整理。

结果显示,自己-朋友的脑区激活比较结果(图13.12、图13.13)与自己-陌生人(图13.10、图13.11)的激活脑区结果类似,均包括凸显网络的重要节点:前扣带回皮质和脑岛,以及中央执行网络的相关脑区背外侧前额叶皮质。

(2)基于刺激呈现时间和期望价值的fMRI数据分析

前一部分的分析已经考虑了刺激呈现的时间因素,本部分加入每个试次的期望价值作为模型构建中的回归量后的统计分析结果。单样本t检验结果说明了三种不同社会距离的决策条件下的激活脑区。为朋友和陌生人决策时,与心智化理论相关的颞顶联合区激活显著增强。但二者的区别在于:为陌生人决策时的脑区激活三视图(图13.14)显示左侧颞顶联合区激活显著,而从图13.15中可以看出,为朋友决策时右侧颞顶联合区激活显著。

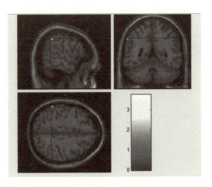

图 13.14　为陌生人决策时的颞顶联合区激活

图片来源：作者绘制。

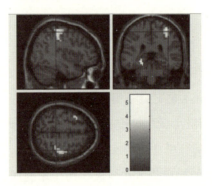

图 13.15　为朋友决策时的颞顶联合区激活

图片来源：作者绘制。

第四节　结果与讨论

本节将从功能性磁共振成像实验的行为结果和 fMRI 结果分别展开讨论。

（一）行为结果

在对被试行为的分析上，我们重点关注了被试在不同实验条件下,对风险决策试次的平均接受率和损失厌恶直接估计值的差异。本实验将沿用上一章中预实验的实验范式,并且在被试完成风险决策的过程中,除了记录被试的脑部活动数据,还记录下了被试的行为数据。本实验的行为结果在一定程度上验证了上一章中行为实验的结论。

在行为层面,我们首先计算了为不同社会距离的对象决策时的风险决策试次接受率,并发现该接受率随着社会距离变远而提高。风险决策试次接受率可以作为损失厌恶的间接表征,具体来说,被试对损失越敏感,主观感知到的损失所诱发的负效用也越大,从而导致被试在混合型风险决策中更加保守,对风险决策试次的接受率越低。因此我们可以从结果中推断出,被试对损失的敏感程度随社会距离变远而降低。随后,我们通过简化的线性效用函数对损失厌恶进行了估计,从而实现了对损失厌恶的直接表征。从总体上看,损失厌恶估计值随社会距离变远而减小,这与基于风险决策试次接受率的间接估计结果相互印证。对每个被试的损失厌恶估计值的非参数检验进一步确认了"自己 vs 朋友"和"自己 vs 陌生人"损失厌恶的差异;朋友和陌生人之间的非参数检验没有达到显著性水平,但仍表现出为朋友决策时损失厌恶估计值更大的趋势,而我们认为样本量略小可能是行为层面上的统计效力不够的原因。结合前面的风险决策试次接受率,以及总体上的损失厌恶估计值随社会距离变化的趋势,我们认为本章的实验结果再次验证了损失厌恶程度随社会距离变远而降低的现象。

值得注意的是,在本章中,我们采用了与上一章不同的估计模型实现对损失厌恶的直接估计。损失厌恶的群体回归结果呈现出按自己、朋友、陌生人顺序递减的趋势,个体层面的统计分析也确认了为自己、陌生人决策,以及为朋友、陌生人决策时损失厌恶差异的显著性。虽然为自己、朋友决策时的损失厌恶差异没有达到显著性水平,这可能是样本量过小导致的。结合群体层面的回归结果,我们认为本章的估计结果在一定程度上验证了上一章中行为实验的结论,即被试在风险决策中所表现出的损失厌恶程度随着社会距离变远而降低。

(二)fMRI结果

本章旨在通过磁共振成像技术揭示社会距离导致损失厌恶差异的认知加工机制。我们首先检查了个体的在不同社会距离的决策中与凸显网络相关的脑区激活。fMRI结果显示,相比于为朋友和陌生人决策,在为自己决策时凸显网络的节点——前扣带回和脑岛——的激活显著更强,并且在受到凸显网络正向调控的中央执行网络相关脑区也表现出更强的激活,具体反映在背外侧前额叶皮质上。但是实验结果没有为朋友和陌生人的差异提供依据,仅证明了社会距离为零的自己和社会距离不为零的他人之间的差异。

在fMRI层面上,我们发现与凸显网络和被凸显网络调控的中央控制网络相关脑区仅在为社会距离最近的自己决策时表现出显著激活,因此基于凸显网络激活与社会距离关系的假设仅部分得到证实。这种现象与以往文献中提到的自我独特性(self-specificity)的概念相吻合。

自我独特性认为自我形成了自身群体的表征基础,它可以被纳入自我表征,并且表现为在感知、记忆、注意力等方面对自身的特殊关注,从而催生自我与他人之间的边界(Northoff,2016;Sui、Humphreys,2017)。自我独特性所产生的自己与他人的边界是自发的、稳定的且普遍存在的。在隋、汉弗莱斯的实验任务中,一部分被试需要区分自己和他人(朋友和陌生人)的脸,另一部分被试则被要求识别熟悉(自己和朋友)和不熟悉(陌生人)的脸。显然,在第一项任务中需要区分自我和他人,但在第二项任务中则不需要。但是实验结果显示在两种实验任务中,被试在识别自己面容的任务中的绩效表现不存在差异,这说明无论是否必要,"自己"与"他人"之间都稳定地存在着明确的边界(Sui、Humphreys,2013)。

学者们尝试着从熟悉程度(familiarity)的角度解释这种自我独特性,因为无论面对多么亲密的人,自己都是对自己最为熟悉。但是,当实验中被试被要求识别自己、亲密的朋友以及陌生人的面部图像时,无论图片正放还是倒放,被试总是对自己的照片识别最快最准,虽然对亲密的朋友照片的识别表现也显著优于对陌生人的图像处理,但与加工自己的图片时的速度和精度都不可相提并论(Sui et al.,2013)。其他研究也证明了与非常亲密的他人(如母亲、最好的朋友)相比,自我优势仍然存在(Sui、Humphreys,2015)。隋、汉弗莱斯研究发现,熟悉程度的影响可能是非线性的,即虽然母亲、最好的朋友与自身相比,在熟悉程度上差别不大,但是在任务完成度上的差异却是巨大的(Sui、Humphreys,2017)。

在大脑决策加工层面上,一些学者认为凸显网络也具有自我独特性或者说是自我优势(Northoff,2016;Sui、Gu,2017;Sui、Humphreys,2017),并特别指出了脑岛在其中的作用:当自己与他人的选择相偏离时，脑岛的激活也将被观测到（Wu et al.，2016）；而当脑损伤发生在腹内侧前额叶皮质和脑岛时，感知匹配上的自我独特性也随之减弱（Sul et al.，2015）。因此，我们认为在本实验中仅发现了为自己与他人（朋友和陌生人）决策时凸显网络相关脑区的激活差异，验证了自己与他人的边界，从大脑决策加工视角验证了自我独特性的存在。

总而言之，本实验说明了自我与他人的边界，即使在社会距离的大框架下，为自己和他人决策时的机制也存在不同，这种不同也可以被解释为社会距离对损失厌恶的调控是非线性的。

与此同时，我们检验了为他人决策时的心智化过程，重点关注与心智理论相关的脑区（颞顶联合区）的激活情况。fMRI结果显示，为朋友和陌生人决策时颞顶联合区激活显著，而为自己决策时激活却不显著。为朋友决策时主要是右侧颞顶联合区激活，而为陌生人决策时则主要是左侧颞顶联合区的激活，由于激活方位不同，因此很难比较强弱水平。

在实验开始前，我们没有对双侧颞顶联合区的功能加以区分。早期的成像研究认为双侧的颞顶联合区都与心理状态推理，即心智理论有关（Lissek et al.，2008；Saxe、Kanwisher，2003；Saxe et al.，2006）。但是在本实验的结果中，为社会距离不同的他人决策时，所激活的颞顶联合区存在方向性的差异，使我们不得不重新思考和讨论左右两侧颞顶联合区各自的功能。

尽管早期的研究很少对左右两侧的颞顶联合区加以区分，并提出双侧的颞顶联合区均与心智化加工过程有关，但近年来,一些研究表明相比于左侧颞顶联合区,右侧颞顶联合区与心智化过程更加相关(Döhnel et al.,2012;Mahy、Moses、Pfeifer,2014)。此外,一些采用脑电、经颅磁刺激等技术手段的研究也为这一结论提供了支持。比如,刘、梅尔佐夫、韦尔曼通过脑地形图显示在完成信念推理任务时,晚期慢波(late slow wave,LSW)主要出现在右后侧脑区(Liu、Meltzoff、Wellman,2009)。类似地,采用经颅磁刺激干扰被试的右侧颞顶联合区时,被试对心理状态信息的加工能力减弱(Young et al.,2010)。这些都为右侧颞顶联合区在心智化过程中的重要作用提供了有力证据。佩纳等在一篇专门探讨左侧和右侧颞顶联合区功能的文献中指出:右侧颞顶联合区专门负责针对内化的、不可见的心理状态以及意图的加工(Perner et al.,2006),而左侧颞顶联合区参与的加工过程更多,不仅参与对心理状态和非心理状态的加工,还参与视觉角度、语义记忆检索、语言工作记忆方面的任务(Hyatt et al.,2015;Ravizza et al.,2011)。后续研究也通过对不同类型任务的分析再次肯定了这种左右颞顶联合区功能上的差异(Leekam et al.,2008;Perner、Leekam,2008)。

而在本实验中,我们发现了为陌生人决策时左侧颞顶联合区激活显著,而为朋友决策时右侧颞顶联合区激活显著的现象。我们认为,上述两种决策情境都涉及心智化的加工过程,但是在为陌生人决策时除了涉及心理状态的加工,还掺杂其他非心理状态的认知加工过程,这可能是导致在行为上出现"为朋友决策更接近为自己决策"现象的大脑决策加工机制。

本章的主要目的在于揭示社会距离影响损失厌恶的内在

成因和认知加工机制。本实验采用了一项功能性磁共振成像技术,在被试为社会距离由近及远的自己、朋友和陌生人决策的过程中同步记录被试的血氧水平依赖的相关参数。通过对行为数据间接和直接指标的分析,我们得出了与上一章一致的结论,即社会距离越远,损失厌恶程度越低,社会距离对损失厌恶存在负性的影响。而对 fMRI 数据的分析则从大脑决策加工的角度揭示了这种负性影响的认知加工机制。数据分析结果证明了自我特殊性现象的存在,即使是为非常亲密(社会距离很近)的人决策时,也与为自己决策时所依赖的认知加工机制不同。此外,在为社会距离较近的朋友和社会距离较远的陌生人决策时,均涉及心智理论相关的认知加工过程,但是为陌生人决策时,还可能涉及其他复杂的认知加工过程,这可能是在行为上出现为朋友决策更接近为自己决策的内在原因。总之,本章在行为层面上证明了社会距离对损失厌恶的负性影响,但在大脑决策加工层面存在着自我与他人之间的边界,即使是为社会距离很近的朋友决策时这种边界仍然存在。从对本实验的结果的实际应用上看,损失厌恶差异的形成机制说明了:为自己和他人决策时的不一致性是必然存在的;即使社会距离能在一定程度上减少为自己和他人决策之间的差异,但是在感知加工层面上社会距离对损失厌恶的影响是非线性的,所以无论决策者和被决策者双方多么亲密,想要消除这种差异几乎是不可能的。

从本书整体的逻辑上看,本章实验在基于现象的研究的基础上进一步深入,重点关注社会距离影响损失厌恶的原因,并从感知加工层面说明了社会距离对损失厌恶的非线性影响。

这种非线性影响很难通过行为实验观测,因为行为实验只能比较损失厌恶的外在行为表现,而不能揭示内在的决策加工过程所依赖的不同网络(或路径),所以本实验采用磁共振成像技术是必要且合理的。本部分的行为实验和磁共振实验相互验证,层次递进,从现象到本质,充分揭示了在风险决策的价值评估阶段中,社会距离对损失厌恶的影响及其机制。

第十四章　反馈加工阶段中的社会距离与损失厌恶

　　前面两章从现象到成因,全面探讨了价值评估阶段社会距离对损失厌恶的影响以及其内在机制。而决策过程不仅包括对选项的价值评估过程,也包括对结果的反馈加工过程(Lee、Harris,2013;Rangel、Camerer、Montague,2008)。反馈加工过程通过补充更多的信息,实现认知上的更新。在大脑决策加工层面上,大脑通过评判前一轮次中反馈结果与实际期望之间的差异,在下一轮决策中有更好的表现。对反馈结果的评估在进化中也有重要的作用,如了解某种食物的致病性后,在今后的猎食中将可以有效避免进食这种食物(Rangel、Camerer、Montague,2008)。

　　就损失厌恶这一概念而言,在认知加工阶段对损益诱发的正负效用大小仅停留在预测阶段,而在反馈加工阶段则能够通过亲身经历比较损失带来的负效用和收益带来的正效用大小。以往研究也确认了反馈对损失厌恶的影响(Inman、Zeelenberg,2002;Kermer et al.,2006;Mulder et al.,2005),并发现反馈的呈现对于无论是风险领域的损失厌恶还是非风险领域的损失厌恶均会产生影响。但比较为自己决策和为他人决策之间损失厌恶差异的几项行为研究没有将研究重点放在反馈加工阶段（Andersson et al.，2014；Mengarelli et al.，2014；Polman，2012；Zhang et al.，2017），因此，在反馈加工阶段，社会距离是否仍对损失厌恶产生影响？这种影响与决策的价值评估阶段的是否相同？

首先，与前文中的论述一致，社会距离通过影响解释水平进而影响对损益敏感程度的主观判断。具体来说，社会距离的不同会影响解释水平的高低。社会距离较远时，人们倾向于用高解释水平表征事物，从而更容易采用促进聚焦视角进行决策；在该视角下，对收益的敏感程度提高，导致损失厌恶程度降低。反之，社会距离较近时，人们倾向于用低解释水平表征事物，从而更倾向于采用防御聚焦视角进行决策；在该视角下，对损失的敏感程度提高，导致损失厌恶程度提高。因此，我们认为在反馈加工阶段，损失厌恶程度随社会距离变远而降低。

其次，反馈加工阶段的特征决定了，信息的更新会减少人们对潜在损失带来的负效用的过度预估。已有文献也在风险和非风险领域为结果反馈降低损失厌恶水平提供了一定的证据（Inman、Zeelenberg，2002；Kermer et al.，2006）。如克默等通过风险决策行为实验发现，反馈的呈现能够降低被试的损失厌恶程度（Kermer et al.，2006）。这是因为损失厌恶是一种对损失带来的痛苦的过度预估，而真正经历损失才能使人感知到损失所带来的痛苦并没有预期中的那样强烈。通过反复学习和信息更新，被试在后续决策中会不断调整对痛苦程度的预估，从而导致损失厌恶程度的降低。英曼、吉兰博格也发现，反馈存在时，个人会表现出更低水平的现状偏见（常被认为是非风险领域的损失厌恶）（Inman、Zeelenberg，2002）。这一结论也在米尔德等的文章中被再次确认。所以，损失厌恶程度在不同决策阶段可能会有所不同，并且反馈加工阶段的损失厌恶应小于价值评估阶段（Mulder et al.，2005）。

第一节　实验被试

本实验的36名被试（在校大学生）全部从浙江大学招募，其中包括16名男性，男女比例大致均衡。被试的年龄为19—28岁，年龄的平均值为22.11岁，标准差为2.25岁。所招募36名被试符合行为实验的基本要求：全部为右利手，视力正常或矫正视力正常，并且无精神疾病史，心理状态良好。实验开始前，主试向被试简单介绍实验内容，被试阅读并签署知情同意书，表明自愿参与该实验。被试被告知如果在实验过程中感到不适，可以随时提出终止实验。每名被试参与实验的出场费为15元（并作为实验中决策任务的初始本金），被试最终所得被试费会在15元初始本金上下浮动，但不会小于0元，最终所得被试费与被试在整个实验中所做的决策有关。

第二节　实验范式

在被试招募环节，我们在浙江大学CC98论坛上发布招募通知，给出对实验任务、实验时长、实验报酬等的基本描述，列出可供选择的实验参与时间，并强调已经参与过本书预实验的被试勿重复报名。在核实报名被试符合实验基本要求后，主试将告知被试报名成功，并会在实验前一天短信提醒被试实验的具体时间和地点,以确保被试按时出席。本研究共包含三个部分,分别对应社会距离不同的决策收益者:决策仅影响自身收益,决策仅影响下一被试收益,决策仅影响朋友收益。每部分包含150次决策,三部分的呈现顺序服从拉丁方设计。与前几项实验一样,为了避免为不同决策收益者决策所导致的社会比较效应,我们只在每部分实验开始前向被试提供该部分的指导语。因为被试对后续实验的实验内容未知,对决策收益者的身份未知,所以能够有效避免社会比较效应,从而真实反映被试在每种决策条件下的行为偏好。

在实验任务开始之前,被试首先阅读该部分的指导语,然后主试向被试讲解实验流程,强调一些具体的重要细节,并请被试完成实验前问卷。问卷主要包括一些实验的具体操作,以及容易被忽略的细节,如果被试全部答对,则可以进入正式实验阶段,否则将被要求再次阅读指导语并对答案进行修改,直至完全理解实验指导语。在实验前填写问卷的过程中,主试如果发现被试在反复阅读指导语后仍无法理解实验任务,则停止对该被试的测试,该被试在获得一定补偿后即可离开。正式实验开始之前,被试首先完成5个轮次的训练任务,以了解和熟悉实验流程,被试若在该过程中有任何疑问,可以向主试提问。在确保被试没有任何疑问后,主试离开实验间,正式实验开始。在计算每部分最终收益时,主试将从每个部分的150次试次中随机抽取一次,将该试次所获得(或损失)的实验币值乘以0.05,加上初始决策本金15元,作为该部分的最终收益。随机抽取的操作使得每个试次被抽到的概率相等,从而保证被试对每个部分中的所有试次都一视同仁,并减少不经思考的胡乱选择。

值得注意的是,在决策收益者为自身时,被试获得的最终收益为自己在该部分决策中的收益与上一被试为下一被试(陌生人)决策所得到的收益之和。在决策收益者为朋友时,具体操作与前两章类似,即在该部分开始前让被试写下一位好朋友的姓名和支付宝账号,以确保该决策条件的真实可信。主试会在实验结束后将被试为朋友决策所获得的收益现场通过支付宝转账给该朋友。在决策收益者为陌生人时,被试为下一位被试做决策所得到的收益将会被放在一个密封的信封里,并在"陌生人"决策部分开始时,与指导语一起交给下一位被试。这样做的目的是,一方面保证了下一位被试的决策不会被信封里的金额大小所影响,另一方面确保下一位被试相信,"陌生人"决策条件不是想象的,而是真实存在的,并且确实会影响到一位陌生人的收益。在实验中我们尽量避免了前后两位被试碰面,这种碰面在一定程度上会使被试产生共情,或者是亲切感,使得二者不再是绝对意义上的陌生人,从而拉近社会距离。

实验流程如图 14.1 所示,在每个决策试次中,屏幕上将首先呈现持续 750 毫秒的"+"以提示一轮试次的开始,随后,屏幕上将展示两个圆圈:其中一个圆圈被等分为上下两部分,每部分包含一个值,表示风险选项中以等概率出现的两个潜在结果;另一个圆圈中只包含一个值,表示确定选项所对应的结果。被试需要按键选择风险选项或确定选项。为了避免时间压力对决策偏好的影响,在决策环节我们并未设置时间限制,被试可以充分思考直到做出决定。被试按键选择后,所接受的选项会在屏幕上继续保留 750 毫秒,而未被选中的选项则会消失。

随后该轮次决策的实际结果在圆圈中出现,并持续1000毫秒。若被试选择的是确定选项,则结果显示为确定选择结果;若被试选择的是风险选项,则风险选项中的两个潜在结果会随机出现在反馈阶段中。随后,该试次结束。

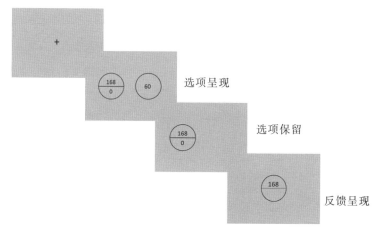

图14.1　实验流程图(以为自己决策为例)
图片来源:作者绘制。

与前面的研究类似,为了对三种实验条件加以区分,我们用无小人、两个手拉手的小人、一个小人分别表示决策收益者为自己、朋友和陌生人决策的风险决策情境(图14.2)。

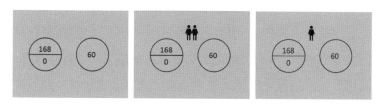

图14.2　不同社会距离的呈现方法
注:左、中、右三图分别代表为自己、朋友和陌生人决策。
图片来源:作者绘制。

第三节 实验结果

该实验任务用 Python 编写,被试在实验过程中的重要行为数据,包括反应时、按键等都随着实验任务的进行而被记录下来,并保存在表格中。对行为数据的分析首先通过结构化模型直观估计不同社会距离下所表现出的损失厌恶参数值,从而量化地分析在反馈加工阶段,社会距离是否会影响损失厌恶。

对损失厌恶的估计方法与第十二章中的正式实验类似,但在本章中,我们对每个被试的损失厌恶参数进行估计,得到个人层面的损失厌恶参数值。其中,基于个人的损失厌恶参数计算公式为:

$$P_{\text{gamble}} = \frac{1}{1 + e^{-\mu(U_{\text{gamble}} - U_{\text{certain}})}}。$$

在公式中,μ 代表了随机性程度,U_{gamble} 和 U_{certain} 分别代表风险选项和确定选项的效用值,并可分别通过如下表达式进行计算:

$$\begin{cases} U_{\text{certain}} = (x_{\text{certain}})^{\alpha}, & \text{如果 } x_{\text{certain}} \geqslant 0; \\ U_{\text{certain}} = -\lambda(-x_{\text{certain}})^{\alpha}, & \text{如果 } x_{\text{certain}} < 0; \\ U_{\text{gamble}} = 0.5(x_{\text{gain}})^{\alpha} - 0.5\lambda(-x_{\text{loss}})^{\alpha}。 \end{cases}$$

其中,待估计的参数为风险态度参数 α 和损失厌恶参数 λ。风险态度参数 α 小于 1 说明效用函数在收益域是凹函数,而在损失域是凸函数。α 的值越小意味着收益域的风险规避程度,以及损失域的风险寻求程度更高;α 越趋近于 1 意味着风险态度越趋近于风险中性(Harrison, 2008; Sokol - Hessner et al., 2009)。如果被试是损失厌恶的,则损失厌恶参数 $\lambda > 1$;与之相反,如果被试是收益寻求(对收益比对等额损失更敏感)的,则损失厌恶参数 $\lambda < 1$;而如果被试对收益和损失的敏感程度相同,则损失厌恶参数 $\lambda = 1$(Harrison,2008;Köbberling、Wakker,2005)。我们通过在 Stata 12 中编写代码,采用最大似然估计方法估计每个被试在三种决策条件下的风险态度参数 α 和损失厌恶参数 λ 的具体值。

表 14.1 呈现对反馈加工阶段的损失厌恶估计值的描述性统计,结果显示:被试为自己决策时的损失厌恶估计值的变化范围为 0.81~3.38,均值为 1.27,标准差为 0.53;为朋友决策时的损失厌恶估计值的变化范围是 0.36~3.00,均值为 1.17,标准差为 0.50;为陌生人决策时的损失厌恶估计值的变化范围为 0.18~1.94,均值为 0.95,标准差为 0.33。单因素方差分析(社会距离:自己 vs 朋友 vs 陌生人)的结果证明了社会距离的主效应 $[F(2,52)=5.07, p=0.01, \eta^2=0.163]$。图 14.3 呈现了后续的两两配对 t 检验结果,为自己($t=2.83, p=0.009$)和朋友($t=-2.93, p=0.007$)决策时的损失厌恶估计值相较于为陌生人决策时更大,为自己和朋友决策时的损失厌恶估计值在趋势上存在差异,但并未达到显著性水平($p>0.05$)。

表 14.1　基于反馈加工阶段中损失厌恶估计值的描述性统计

决策收益者	极小值	极大值	均值	标准差
自己	0.81	3.38	1.27	0.53
朋友	0.36	3.00	1.17	0.50
陌生人	0.18	1.94	0.95	0.33

资料来源:作者整理。

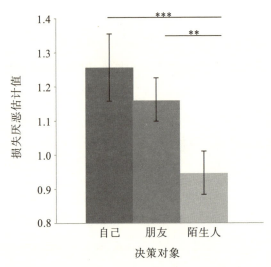

图 14.3　决策的反馈加工阶段,不同社会距离下的损失厌恶估计值

注:*表示$p<0.05$,**表示$p<0.01$,***表示$p<0.001$。

图片来源:作者绘制。

　　为了检验决策阶段对损失厌恶的影响,我们将决策的价值评估阶段(第十二章中的正式实验)与本章所研究的决策的反馈加工阶段进行对比。选取第十二章中行为数据的原因在于:该研究中的正式实验与本实验一样,均采用了包含多种决策类型的风险决策任务,二者在参数设计及收益计算上完全一致,唯一的区别在于是否向被试呈现决策后的反馈结果。因此两项研究具有较高的可比性。我们选取了两项研究中基于个人水平的损失厌恶估计值,通过重复度量的混合设计方差分析检验了被试内因素(社会距离:自己 vs 朋友 vs 陌生人)和被试间因素(决策阶段:价值评估 vs 反馈加工)对损失厌恶影响的主效应和交互效应。方差分析结果确认了社会距离因素主效应$[F(2,108)=11.33,p<0.001,\eta^2=0.173]$,进一步的配对样本$t$

检验结果显示,损失厌恶程度在为社会距离最近的自己($t=$4.27,$p<0.001$)和社会距离较近的朋友($t=-3.89$,$p<0.001$)决策时显著高于为社会距离最远的陌生人决策时。决策阶段因素的主效应也得到了证实[$F(1,54)=3.06$,$p=0.086$,$\eta^2=0.054$,边际显著],这说明损失厌恶估计值在反馈加工阶段($M=1.13$)中比在价值评估阶段($M=1.27$)更小(图14.4)。

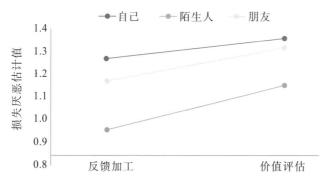

图14.4 不同决策阶段不同社会距离下的损失厌恶估计值

图片来源:作者绘制。

第四节 结果与讨论

在行为结果部分,我们首先检验了在反馈加工阶段,社会距离对损失厌恶的影响是否仍然存在。在估计了基于被试为自己、朋友和陌生人决策时的损失厌恶值后,我们采用了配对样本 t 检验来对统计差异进行进一步检验。统计结果显示,相比于为自己和朋友决策,为陌生人决策时的损失厌恶估计值明显更小。

在前两章研究的基础上,本章从决策阶段的视角进行了拓展研究，并以决策的反馈加工阶段为研究重点。我们比较研究了决策不同阶段的损失厌恶水平是否有差异。本部分的行为实验（第十二章）和磁共振成像实验（第十三章）重点关注价值评估阶段的损失厌恶，而本章则重点探讨了反馈加工阶段的损失厌恶。由于第十二章的正式实验和本章的实验采用了相似的范式与损失厌恶估计方法，因此二者具有可比性。2（社会距离：自己 vs 朋友 vs 陌生人）×2（决策阶段：价值评估 vs 反馈加工）混合测量的方差分析结果确认了社会距离和决策阶段的主效应，说明无论是为自己、朋友还是陌生人决策，反馈加工阶段的损失厌恶估计值总是小于价值评估阶段，并且在决策的各个阶段中，社会距离总是对损失厌恶产生负向影响。

　　行为学结果说明，相比于决策的价值评估阶段，被试在决策的反馈阶段表现出更低的损失厌恶水平，因此将决策的各个阶段剥离开来，并单独研究反馈加工阶段是必要的。此外，行为数据也再次证实了社会距离对损失厌恶的影响，具体而言，社会距离越远，决策者所表现出的损失厌恶程度越低。

　　从本书的整体逻辑上看，第四部分中的第十二、第十三章从决策的价值评估阶段入手，而第十四章对决策阶段进行了补充性研究，重点关注在决策的反馈加工阶段社会距离诱发的损失厌恶差异。本章通过行为数据探究了社会距离影响损失厌恶的现象，还比较了在不同决策阶段社会距离对损失厌恶影响的作用差异，使本书的第四部分的前三章一起构成了基于决策过程各个阶段的完整体系，从而实现对社会距离影响损失厌恶的现象及其机制的全面探究。

第十五章　社会距离与损失厌恶关系的全面总结

　　前面三章探讨了在决策的价值评估阶段和反馈加工阶段，社会距离对风险决策中损失厌恶的影响及其机制。

　　第十二章的行为实验从决策的价值评估阶段入手，证明了在不同类型的风险决策中，社会距离对损失厌恶的影响及其在行为上的表现。基于现象层面的行为研究，第十三章借助功能性磁共振成像技术对现象的成因进行深入挖掘，从大脑决策加工角度揭示了社会距离影响损失厌恶的内在机制。第十四章的实验着眼于决策的反馈加工阶段，采用行为实验的方法探明了反馈加工阶段社会距离对损失厌恶的影响作用。

　　综上所述，本部分的前面三章通过三项相互验证、逐层深入的实验研究，从现象到本质，全面地探究了在决策的各个阶段中，社会距离对损失厌恶的影响及其内在机制，并得到了如下的研究结论。

　　第一，在决策的价值评估阶段，社会距离对损失厌恶产生负向影响。

　　第十二章采用风险决策行为实验，由以往文献中常见的混合型风险决策实验范式入手，继而拓展为包含混合型、损失型和收益型的风险决策实验范式。在不同类型的风险决策中，被试需要为社会距离渐远的自己、好朋友、陌生人分别完成一系列的决策任务。通过分析反应时、风险选项(试次)接受率随潜在结果的变化趋势,找到决策转变的边界,从而间接反映损失厌恶大小,并分别通过对简化线性效用函数和基于前景理论的指数型效用函数的参数估计,得到损失厌恶的直观估计值。通过比较损失厌恶在不同实验条件下的直接和间接表达,我们得出了随着社会距离变远,损失厌恶估计值减小的结论;这一结论证实了解释水平理论在决策差异理论中的作用。

第二,在认知加工层面上,存在自我独特性,以及自我与他人的边界;为社会距离不同的"他人"决策时,认知加工机制并不完全相同。

第十三章采用一项功能性磁共振实验,记录了被试在为社会距离不同的对象决策时的脑区激活情况,并在数据分析时重点关注了与凸显网络和心智理论相关的脑区。

凸显网络在决策过程中起着至关重要的作用,参与信息筛选等认知加工过程,从而最终指导决策行为(Menon、Uddin,2010;Seeley et al.,2007;Sridharan、Levitin、Menon,2008)。本实验发现,相比于为他人决策,在为自己决策时的凸显网络节点——脑岛和前扣带回都显示出更强的激活,这在一定程度上证明了自我独特性的存在(Northoff,2016;Sui、Gu,2017;Sui、Humphreys,2017)。自我独特性认为,即使他人与自身的社会距离非常近(如亲人、朋友)时,自我优势仍然存在(Sui、Humphreys,2015)。自我独特性说明了社会距离对加工机制的影响是非线性的,即使当社会距离的差异很小时,认知加工过程仍可能存在巨大差异(Sui、Gu,2017;Sui、Humphreys,2017)。

　　心智理论描述了个人预测和解释他人行为的能力。心智化加工是社会决策中的重要概念,一般而言,心智化能力越强的人,越能理解他人的想法,体会他人的情绪,预测他人的行为,在为他人和自己决策中表现出的行为上的差异越小(Decety、Lamm,2007;Singer,2006)。以往的磁共振成像研究证明了内侧前额叶皮质和颞顶联合区主要参与心智化加工(Denny et al.,2012;Mahy、Moses、Pfeifer,2014;Saxe、Kanwisher,2003;Saxe、Wexler,2005)。本实验发现,为社会距离不为零的对象(朋友、陌生人)决策时,均能观测到颞顶联合区的显著激活。但是,在为朋友和陌生人决策时的颞顶联合区激活具有方向性的差异,具体来说,在为社会距离较近的好朋友决策时,主要表现为右侧颞顶联合区的激活,而在为社会距离较远的陌生人决策时,则主要表现为左侧颞顶联合区的激活。结合以往研究中对左右两侧颞顶联合区功能差异的比较分析(Leekam et al.,2008;Perner et al.,2006;Perner、Leekam,2008),我们认为,在为朋友和陌生人决策的两种具体情境中,都涉及心智化加工过程。但是为朋友决策时,右侧颞顶联合区的激活表征了对心理状态的专门加工;在为陌生人决策时左侧颞顶联合区的激活则表征了更为复杂的心理过程:除了涉及心理状态的加工,可能还掺杂其他非心理状态的认知加工过程。而这种认知加工层面上的差异可能导致了为朋友和陌生人决策时所表现出的损失厌恶上的差异,使得为朋友决策时损失厌恶更接近为自己决策时,而为陌生人决策时的损失厌恶与为自己决策时的差异较大。

　　第三,在决策的反馈加工阶段,社会距离仍然对损失厌恶产生稳定的负向影响。

第十二、第十三章探究了在价值评估阶段社会距离对损失厌恶的作用。但是决策的另一个重要阶段——反馈加工阶段，并没有引起以往关于自我与他人决策差异研究的关注。事实上，反馈加工阶段因反馈呈现的存在而产生对信息更新的重要作用（Lee、Harris，2013；Rangel、Camerer、Montague，2008）。以往研究也发现反馈加工能够降低损失厌恶程度（Lee、Harris，2013；Rangel、Camerer、Montague，2008）。因此，第十四章采用一项行为实验研究，通过行为数据证明了即使在反馈阶段中，社会距离对损失厌恶的影响仍然稳定存在；但是相比于价值评估阶段，反馈加工阶段的损失厌恶程度更低。

本部分所介绍的实验研究为基础性研究，因此研究结论可以拓展到多种日常生活和管理情境中去，如：职业经理人为股东制订企业发展的战略决策，基金经理为投资者推荐投资方案，医生为癌症病人拟定治疗方案，父母为子女提供升学建议，当选官员根据民众的需求修订政策，律师为诉讼人代理诉讼等。社会距离导致决策行为差异的微观机制，可以进一步拓展到委托代理情境中，将为自己和他人决策的差异作为委托代理问题产生的可能原因，并通过丰富具体的决策场景为企业管理和日常生活中的具体情境提供指导意见。

具体来说，对于为他人提供建议或者代理他人决策的实际决策者（如职业经理人、基金经理等）来说，尽管自我独特性是与生俱来的特性，但是为自己和他人决策的差异可以通过拉近与决策结果实际承担者的社会距离来减少。增强对他人需求的了解、对他人风险态度的感知，以及提升与他人之间的亲密和熟悉程度,将有助于减少行为上的损失厌恶差异,从而更好地为他人决策。另外,从本质上讲,损失厌恶是一种非理性现象,但这不意味着损失厌恶是有害的,"避害"的战略也是自然选择的结果。但是风险往往与机遇并存,过度的损失厌恶将可能导致与重要的机会擦肩而过。根据本书的研究结论,通过对以往决策结果的学习和反馈加工,能够降低损失厌恶程度。除此之外,为了充分实现信息更新,决策者虽不是决策结果的实际承担者,也应该对反馈结果进行总结,从而实现信息的更新和基于现状的决策战略调整。因此,对决策结果必要的亲身体验和学习反思,对于调控决策中的损失厌恶差异,充分发挥自己的经验和优势,以及更好地为他人决策具有重要的意义。

对于咨询他人意见的意见咨询者或者决策结果的实际承担者(如股东、投资者等)而言,了解决策差异的普遍存在性,以及其背后的认知加工机制,将有助于意见咨询者认识到自我独特性是一种本能的存在,即为自己和他人决策的差异是普遍存在的,从而提升对决策差异的包容性,并做到选择性地接受他人的意见;而当决策结果的实际承担者充分理解社会距离对双方损失厌恶差异的作用后,就可能减少双方决策差异。维持双方良好关系,保证双方通畅的信息交互,将有助于实际决策者做出使决策结果承担者满意的决策。

总而言之,探究社会距离对损失厌恶差异的影响,不仅有利于决策者为决策结果承担者做出更好的决策,还有利于增进决策者和决策结果承担者双方的理解,有助于维持和谐稳定的社会大环境。

此外,本部分的研究结论实现了对以往研究的补充和对风

险决策理论体系的完善,具体来说,本部分的实验研究有以下几方面的成果:

首先,为社会距离影响损失厌恶的解释理论提供证据,补充和完善风险决策理论体系。

已有关于为自己和他人决策的研究中存在着不同的研究结论及解释方法。一些研究认为决策者总是更在意自身的利益,因此在为自己决策时总是更加审慎和保守(Chakravarty et al.,2011;He et al.,2018);另一些研究则认为在为他人决策时,如果他人因自己的决策失误而承担不利后果,决策者本身会产生负罪感和更强的后悔感(Botti、Orfali、Iyengar,2009;Leonhardt、Keller、Pechmann,2011),而为了避免这种潜在的心理压力,决策者在为他人决策时会更加小心和谨慎(Kvaløy、Eriksen、Luzuriaga,2014;Kvaløy、Luzuriaga,2014;Lu、Shang、Li,2018)。此外,以往关于风险决策的研究主要将研究重点集中在混合型风险决策(以一定概率收益,以一定概率损失)情境中(Mengarelli et al.,2014;Polman,2012)。但事实上,损失型(决策结果为0或损失)和收益型(决策结果为0或收益)风险决策不仅在现实生活中广泛存在,而且前人研究证实,人们在收益型和损失型风险决策中的决策偏好与混合型风险决策中的不同(Birnbaum、Bahra,2007;Wu、Markle,2008)。本部分的行为实验要求被试为社会距离不同的对象完成一系列不同类型的风险决策任务,通过对损失厌恶大小的直接和间接估计,充分证明了社会距离对损失厌恶的负向影响,证实了解释水平理论在决策差异理论中的作用,完善了风险决策理论体系。

其次,从大脑决策加工入手,揭示社会距离影响损失厌恶的认知加工过程,阐明了影响的成因,实现了利用生理指标对损失厌恶的有效预测。

以往关于为他人决策导致损失厌恶差异的研究主要集中在行为层面,对现象的解释也只停留在假设和理论推导层面上(Andersson et al.,2014;Liu et al.,2017;Mengarelli et al.,2014;Polman,2012),导致对损失厌恶差异的成因缺乏实质性的探索和有说服力的解释。本部分的实验研究借助功能性磁共振成像技术,在传统行为数据的基础上增加新的信息源,找到为社会距离不同的对象决策时决策者的激活脑区和功能网络,通过对相应脑区和功能网络的解读,揭示社会距离对损失厌恶产生影响的认知加工机制,为社会距离影响损失厌恶的现象提供了更加确切、客观的证据和系统性的解释。

再次,从决策的价值评估阶段到决策的反馈加工阶段,全面地探究了决策各个阶段中社会距离对损失厌恶的影响作用。

兰热尔、卡默勒、蒙塔古将基于价值的决策过程划分为五个阶段,即表征阶段、价值评估阶段、行为选择阶段、结果(反馈)评估阶段和学习阶段(Rangel、Camerer、Montague,2008)。从表征阶段到结果评估阶段可被视为一个完整的决策过程,而学习过程则是为下一次决策打下基础。从严格意义上讲,表征阶段属于决策前的阶段,而真正意义上的决策行为实际上是包括从价值评估到行为选择再到反馈加工的三个阶段(沈强,2011)。而在上述三个决策阶段中,价值评估是行为选择的前因和源头,而行为选择是价值评估的后续结果和必然反映,当了解了决策者对各个选项所赋予的价值后,决策者的行为选择将是显而易见的。因此,本部分重点关注了价值评估和反馈加工阶段。但以往比较为自己决策和为他人决策之间损失厌恶差异的几项行为研究都将研究重点放在决策的价值评估阶段(Andersson et al.,2014;Mengarelli et al.,2014;Polman,2012;Zhang et al.,2017),而反馈加工阶段中,社会距离对损失厌恶的影响仍有待研究。反馈加工过程通过补充更多的信息,实现认知上的更新,从而使决策者在下一轮决策中拥有更好的表现。而更为重要的是,由于损失厌恶概念的特殊性,在认知加工阶段对损益诱发的正负效用仅停留在预测阶段,而在反馈加工阶段则能够通过亲身经历比较损失带来的负效用和收益带来的正效用。一些研究也确认了反馈对损失厌恶的影响(Inman、Zeelenberg,2002;Kermer et al.,2006;Mulder et al.,2005),并指出反馈的存在会降低损失厌恶程度。因此,研究社会距离对损失厌恶的影响不应仅仅停留在对效用预估的认知加工阶段,也应关注决策者能够真正感受到效用大小的反馈加工阶段,从而实现对决策过程中各个重要阶段的全面关注。第十四章通过一项行为实验在现象层面上探究了反馈加工阶段中社会距离如何影响损失厌恶。从总体上看,本书不仅关注了风险决策价值评估阶段,更关注了反馈加工阶段,并通过行为学数据描述现象,实现了对决策各个阶段中社会距离对损失厌恶的影响的全面探究。

最后,为后续关于损失厌恶的实验研究提供了可借鉴的范式,为损失厌恶的表达和估计提供了更多参考。

以往关于风险决策中损失厌恶的研究大都局限在包含潜在收益和潜在损失的混合型决策,因而对于损失型和收益型决策类型而言,可参考的实验范式有限。我们采用了包含混合型、损失型、收益型试次的风险决策任务,通过合理的实验操纵以及参数设置很好地反映了风险决策中的损失厌恶。为今后研究不同类型的风险决策任务提供了参考。除此之外,针对未来采用磁共振成像技术研究损失厌恶的实验,本书能够在参数设置、时长控制以及认知神经科学工具选择上为该领域内的交叉学科研究提供一定的指导和参考。此外,我们在对损失厌恶进行表达时,采用了间接和直接的描述方法。根据决策反应时、风险选项(试次)接受率可以找到决策的边界,从而间接反映损失厌恶。间接指标能够反映基于不同损失组合的行为选择动态变化趋势,易读、易懂但很难应用于统计分析。本书还通过构建基于潜在损益绝对值、潜在损益比值的简化线性效用函数,以及基于前景理论的非线性效用函数,对损失厌恶水平进行了直观的量化估计。直接指标能够量化表达基于个体层面的损失厌恶,更适合应用于统计分析,但无法描述决策行为的变化过程,且求解过程比较复杂。总而言之,间接指标和直接指标各有优劣,在我们的实验结果中实现了相互补充和验证。因此,本部分在表达和估计损失厌恶时所采用的指标可以为后续研究中的损失厌恶计算提供更多的选择及依据,使得后续研究可以根据其研究目标和重点选取合适的损失厌恶表达方式。

概念介绍

相关术语

不确定性决策（decision making under uncertainty）：决策的重要分支。根据各选项结果的概率是否可知，可进一步被划分为风险决策与含糊决策。

风险决策（decision making under risk）：决策者已知可能结果和每种结果发生概率的决策。

含糊决策（decision making under ambiguity）：决策者已知可能结果但对每种结果发生概率无法预知的决策。

决策神经科学（decision neuroscience）：一门新兴的交叉学科，通过探测人脑如何工作，为决策理论寻找更深层的基础。

情绪（emotion）：对一系列主观认知经验的通称，是多种感觉、思想和行为综合产生的心理和生理状态，既是主观感受，又是客观的生理反应。

情绪唤醒（emotional arousal）：情绪的重要维度之一，描述情绪状态的强度。

社会距离（social distance）：心理距离的一种，描述了人际的亲近或疏远程度。

风险寻求（risk seeking）：面对多个可选项时，更倾向于选择高风险选项的行为特征，与凸效用函数相对应。

风险规避（risk aversion）：面对多个可选项时，更倾向于选择低风险选项的行为特征，与凹效用函数相对应。

损失厌恶（loss aversion）：前景理论中的重要概念，描述损失带来的负效用大于等额收益所带来的正效用的现象。

功能性磁共振成像（functional magnetic resonance imaging, fMRI）：研究大脑决策加工过程的重要技术手段，用于收集刺激呈现后血氧水平依赖的变化情况，以及记录各个脑区的协同过程。

血氧水平依赖（blooel oxgen level dependent, BOLD）效应：fMRI技术的基本工作原理。脱氧血红蛋白比氧合血红蛋白更具有顺磁性的特征，因此脱氧血红蛋白可以作为一种对比剂。当某个脑区的神经元兴奋时，血液动力改变，血液中氧合/脱氧血红蛋白比例产生变化，因而可以通过测量人体自身的血氧浓度变化进而测得fMRI信号的变化。

事件相关电位（event-related potentials, ERPs）：研究大脑决策加工过程的重要技术手段，用于记录由具体内部或外部事件（如刺激、响应、决策等）诱发的大脑皮层电信号。

P300：与情绪唤醒度之间有着密切的关系的正性脑电成分。

研究方法

基于研究背景以及待解决问题，本书主要采用文献研究、行为实验、功能性磁共振成像（fMRI）技术、事件相关电位（ERPs）技术四种方法。下面将对四种研究方法进行具体介绍。

（一）文献研究

文献研究是根据研究主题筛选、阅读和整理相关文献及前人研究的重要研究方法。文献研究有助于了解该领域的发展动向、已解决问题和待解决问题，不仅有助于研究问题的提出，也有助于在提出具体研究问题后寻找相应的理论支撑和立论依据。本书的研究关键词包括"风险决策"（decision making under risk）、"社会距离"（social distance）、"损失厌恶"（loss aversion）、"事件相关电位"（event-related potentials，ERPs）、"功能性磁共振成像"（functional magnetic resonance imaging，fMRI）等，本书的文献研究过程是通过在谷歌学术和中国知网等学术网站以排列组合的方式搜索上述关键词来对相关文献进行检索和筛选，并根据相关文献的重要性、发表年代、主题、影响力等形成基于各个概念的文献回顾。

（二）行为实验

实验方法相比于问卷能更直接地辨析因果关系。通过控制无关变量，仅操纵自变量的水平，能够真实有效地反映自变量对因变量的影响。本书采取被试内实验设计，操纵决策收益者与决策者之间的社会距离，使被试在不同实验条件下参与不同类型的风险决策实验。通过对被试决策行为数据的统计分析和数学建模，本书得到对损失厌恶的间接（反应时、风险选项或试次接受率）和直接（参数估计）表达，从而得出社会距离对风险决策中损失厌恶的影响作用。

（三）功能性磁共振成像技术

功能性磁共振成像（functional magnetic resonance imaging, fMRI）是脑科学研究的重要技术，近年来被广泛应用于探究管理现象的内在成因、管理决策和经济决策的加工机制等。功能性磁共振成像技术通过收集刺激呈现后 BOLD 信号变化情况，记录各个脑区的协同过程，从而揭示实验任务中被试对刺激的认知加工过程。fMRI 的工作原理是基于脱氧血红蛋白比氧合血红蛋白更具有顺磁性的特征，以脱氧血红蛋白作为一种对比剂。当某个脑区的神经元兴奋时，血液动力改变，血液中氧合与脱氧血红蛋白比例产生变化，因而可以通过测量 BOLD 信号变化进而测得磁共振成像信号的变化。这种方法无需对人脑进行介入，却能实现对脑区的精准定位，在空间分辨率上甚至能达到毫米级别。

功能性磁共振成像（fMRI）技术是一种具有高空间分辨率

的测量方法,可以准确定位认知加工过程中的脑区活动,使得学者们可以将任务与特定脑区及其所承担的功能联系起来,进而从认知加工的视角阐释行为背后的成因和内在机制(马庆国、王小毅,2006b)。此外,通过功能连接分析,可以了解脑区间的心理、生理交互作用随所操纵的自变量的变化情况,从而探究不同实验操纵对脑区之间功能连通性的影响。fMRI技术为研究管理学问题提供了全新的视角,使学者们得以从更深的层次,采用更加客观的数据探究管理学现象以及其本质,该技术也被广泛应用于组织行为学、营销学等研究中(Bagozzi et al.,2013;Chan、Boksem、Smidts,2018)。

1. fMRI数据记录过程

本书实验过程中的磁共振扫描使用浙江大学脑影像科学技术中心的德国西门子3−特斯拉磁共振Prisma。实验主要扫描被试的T1结构性成像,扫描参数为:脉冲序列重复时间=2300毫秒,回波时间=2.32毫秒,反转时间=900毫秒,像素尺寸=0.94毫米×0.94毫米×0.90毫米,切片层数=192层。实验还扫描被试在完成实验任务过程中隔层扫描的功能性成像,扫描参数为:脉冲序列重复时间=2000毫秒,回波时间=30毫秒,像素尺寸=3.4毫米×3.4毫米×4.0毫米,切片层数=32层。

2. fMRI数据预处理

在对磁共振成像数据进行统计分析之前,首先要对磁共振成像数据进行预处理,其目的在于去除信号的伪影,并将不同被试的脑区位置标准化,为后续基于群组层面的统计分析做好准备。磁共振成像数据预处理主要包含以下几个步骤:

(1)数据格式转换

由于扫描所记录的原始数据的DICOM格式并不能被分析软件SPM12所识别,因此需要对原始数据格式进行转换。我们采用MRIConvert将DICOM格式的结构性成像和功能性成像数据转换成"*.img/hdr"格式。

(2)时间层校正

由于本实验采用隔层扫描而不是顺序扫描的方式记录数据,因此需要先完成时间层校正(slice timing correction),再进行头动校正。该步骤用以校正在数据采集过程中层与层之间的采集数据差异。

(3)头动校正

虽然在扫描前我们已经对被试的头部进行了固定,并且向被试强调在实验过程中尽量保证头部不要动,但在整个扫描过程中被试仍会产生一定的头动。为了去除头动的影响,我们加入头动校正(realignment)的步骤,即按照一定的算法将每个序列中的所有图像都和该序列中的第一帧图像进行对齐。该步骤还会生成一个用于后续预处理步骤的平均脑数据文档与一个用作建模参数的头部平动和转动数据文档。

(4)配准

配准(coregistration)通过结构性数据和功能性数据之间的信息变换,建立二者之间的联系。

(5)分割

分割(segment)可以实现对结构性数据的分割,具体将结构性数据分为脑脊髓液、白质和灰质三部分。

（6）标准化

标准化（normalisation）基于 MNI 模板，将每个被试的数据放在一个标准化的空间内，从而实现不同被试间的可比性。

（7）平滑

平滑（smoothing）步骤采用高斯平滑滤波器对功能性数据进行平滑处理，从而消除生理运动所产生的干扰，提高数据的信噪比。

（四）事件相关电位技术

事件相关电位（event-related potentials，ERPs）技术最初是由萨顿提出的（Luck，2014）。事件相关电位是大脑皮层产生的基于具体内部或外部事件（如刺激、响应、决策等）的电信号。该电信号可以通过无创伤方式被记录下来，并具有较高的时间分辨率，能够为研究人员提供关于认知和情感加工过程的信息（Luck、Kappenman，2011）。通过对电信号的成分分析，我们可以了解被试的认知加工过程；通过对电信号的溯源分析，我们甚至可以了解大脑活动发生的具体脑区。ERPs 技术是脑科学研究的重要技术，近年来被广泛应用于管理和经济决策问题中，能够有效挖掘行为背后的认知加工机制，并为自我报告数据提供补充信息（Bagozzi et al.，2013；Becker、Cropanzano、Sanfey，2011；Pozharliev et al.，2015；Sun et al.，2019）。高时间分辨率的 ERPs 可以和高空间分辨率的 fMRI 形成优势互补，完美地揭示决策"黑箱"。

1. 脑电数据记录过程

实验采用由 Neuroscan 公司研发的 64 导脑电记录系统，选取64个头皮位置，并且利用Ag/AgCl电极帽记录相应的脑电图（EEG），电极位置采用国际通用的10-20系统。脑电数据记录时，通过电极帽与Neuroscan Synamp2放大器相连，放大被试头皮上的电信号并将电信号以500赫兹采样率、0.05~70赫兹的采样带宽记录下来。头顶的电极点被选为采集数据时的参考电极点，接地电极点位于中线上的FCz和Cz之间。此外，6个外接电极点被分别用来记录水平眼电、垂直眼电和线下参考。其中，两个外接电极被以左右对称的形式粘贴在被试的双眼外侧1厘米，用来记录因眼球运动而产生的水平眼电。与之类似，另外两个外接电极被以上下对称的形式粘贴在被试左眼的上下眼眶1厘米处，用以记录因眨眼而产生的垂直眼电。眼电作为一种肌肉运动的副产品，会对脑电数据产生影响，因此记录水平和垂直眼电可以在数据处理环节对含有眼电数据的脑电波信号进行纠正，从而还原真实的脑电信号。左右耳后的骨性凸起，即左右乳突的信号数据也通过两个左右对称的外接电极被记录下来。在数据分析时，以双侧乳突的平均值作为线下参考，可以实现对脑电信号的参考转换。接地电极位于FCz点和Fz点之间的中点。在实验开始前，主试确保每个电极点的阻抗都被控制在10千瓦以下，并在实验的全过程中，保证阻抗大小被控制该水平之下，从而确保数据具有较高的信噪比。此外，在数据采集过程中，50赫兹以上的数据会被过滤掉，从而有效避免了市电干扰(Luck, 2005)。

2. 脑电数据预处理

在对脑电数据进行统计分析之前，首先要对脑电数据进行预处理，其目的在于得到干净的、只包含拟研究事件的脑电信号。脑电信号预处理主要包含以下几个步骤：

第一，预览脑电信号。浏览、观察被试脑电的基本特征，记录下存在明显飘移和扰动的被试编号，并决定是否删除该被试数据。

第二，去除眼电。被试在完成实验任务的过程中，不可避免地会眨眼，从而产生垂直眼电，同时，在阅读屏幕上的文字时，眼球也难免发生移动，从而产生水平眼电。两种类型肌肉运动所产生的眼电都会对脑电信号产生肉眼可见的影响。因此，记录眼电数据，并使用 Neuroscan 中 ocular artifact reduction 功能，抵消眼电对脑电信号的影响，从而得到相对干净的脑电数据（Miller、Gration、Yee，1988）。

第三，转换参考。在数据记录过程中，脑电数据以头顶作为参考。在线下分析时，将脑电数据进行转换，以双侧乳突的均值作为参考。rereference 步骤能将所有电极点的脑电数据与双侧乳突均值的差值作为转换参考后的幅值。

第四，滤波。滤波操作可以滤除过高或过低频率的噪声，并保留下拟分析的频段。本书的实验采用巴特沃兹滤波的方法，用0.5~30赫兹的带通滤波对脑电数据进行滤波处理。

第五，提取事件。由于在整个被试完成实验任务的过程中，脑电数据是连续记录的，因此需要通过对特定事件的触发打码对拟分析的脑电时间窗进行截取。在事件提取过程中，以刺激呈现时刻作为事件提取的0点，并以反馈呈现前200毫秒至反馈呈现后800毫秒作为事件提取的时间窗。

第六，校正基线。本书的实验以反馈呈现前200毫秒到0时刻作为基线，对提取时间窗内的脑电数据进行校正，从而得到因特定事件发生而导致的脑电数据变化的相对值,并进行比较。

第七,去除伪迹。去伪迹操作可以有效去除噪声过大的试次。本书的实验以±100微伏作为筛选标准,只要拟分析的电极点中有任何一个电极点的数据在±100微伏之外,该试次就会被剔除。此外,为了确保数据质量并保证每种实验条件下足够的试次数量,若超过25%的试次因伪迹过大而被剔除,则该被试的数据也将被删除。

第八,叠加平均。这一操作是将每个被试经过处理后的脑电数据按照不同实验条件进行分类汇总。在本书中,我们根据决策类型(风险决策 vs 含糊决策)和唤醒度(高数额 vs 低数额)将脑电数据分类成四种(2×2)。

参考文献

[1] ALBRECHT K, VOLZ K G, SUTTER M, et al., 2010. What is for me is not for you: brain correlates of intertemporal choice for self and other [J]. Social cognitive and affective neuroscience, 6(2): 218-225.

[2] ALLAIS M, 1953. Le comportement de l'homme rationnel devant le risque: critique des postulats et axiomes de l'école américaine [J]. Econometrica: journal of the econometric society, (21): 503-546.

[3] ANDERSON C J, 2003. The psychology of doing nothing: forms of decision avoidance result from reason and emotion [J]. Psychological bulletin, 129(1): 139.

[4] ANDERSSON O, HOLM H J, TYRAN J-R, et al., 2014. Deciding for others reduces loss aversion [J]. Management science, 62(1): 29-36.

[5] ARIELY D, BERNS G S, 2010. Neuromarketing: The hope and hype of neuroimaging in business [J]. Nature reviews neuroscience, 11(4): 284.

[6]BAGOZZI R P, VERBEKE W J, DIETVORST R C, et al., 2013. Theory of mind and empathic explanations of machiavellianism: a neuroscience perspective[J]. Journal of management, 39(7): 1760-1798.

[7]BALDASSARRI D, GROSSMAN G, 2013. The effect of group attachment and social position on prosocial behavior: evidence from lab-in-the-field experiments[J]. Plos one, 8(3): e58750.

[8]BARRAFREM K, HAUSFELD J, 2019. Tracing risky decisions for oneself and others: the role of intuition and deliberation[J]. Journal of economic psychology, (73): 89.

[9]BARRON G, EREV I, 2003. Small feedback - based decisions and their limited correspondence to description-based decisions[J]. Journal of behavioral decision making, 16(3): 215-233.

[10] BECHARA A, TRANEL D, DAMASIO H, 2000. Characterization of the decision-making deficit of patients with ventromedial prefrontal cortex lesions[J]. Brain, 123(11): 2189-2202.

[11] BECKER W J, CROPANZANO R, SANFEY A G, 2011. Organizational neuroscience: taking organizational theory inside the neural black box [J]. Journal of management, 37(4): 933-961.

[12]BEGLEITER H, PORJESZ B, CHOU C, et al., 1983.

P3 and stimulus incentive value[J]. Psychophysiology, 20(1): 95-101.

[13]BEISSWANGER A H, STONE E R, HUPP J M, et al., 2003. Risk taking in relationships: differences in deciding for oneself versus for a friend[J]. Basic and applied social psychology, 25(2): 121-135.

[14] BELL D E, 1982. Regret in decision making under uncertainty[J]. Operations research, 30(5): 961-981.

[15]BENBASAT I, WANG W, 2005. Trust in and adoption of online recommendation agents [J]. Journal of the association for information systems, 6(3): 4.

[16]BERNOULLI D, 1954. Exposition of a new theory on the measurement of risk [J]. SOMMER L, Trans. Econometrica, (22): 23-26 (Original work published 1738).

[17] BIRNBAUM M H, BAHRA J P, 2007. Gain-loss separability and coalescing in risky decision making[J]. Management science, 53(6): 1016-1028.

[18]BISTRICKY S L, ATCHLEY R A, INGRAM R, et al., 2014. Biased processing of sad faces: an ERP marker candidate for depression susceptibility[J]. Cognition & emotion, 28(3): 470-492.

[19] BLAKEMORE S-J, ROBBINS T W, 2012. Decision-making in the adolescent brain[J]. Nature neuroscience, 15(9): 1184.

[20] BOEHME S, BIEHL S C, MÜHLBERGER A, 2019. Effects of differential strategies of emotion regulation [J]. Brain sciences, 9(9): 225.

[21] BOTTI S, ORFALI K, IYENGAR S S, 2009. Tragic choices: autonomy and emotional responses to medical decisions [J]. Journal of consumer research, 36 (3): 337-352.

[22] BOXER D, 1993. Social distance and speech behavior: the case of indirect complaints [J]. Journal of pragmatics, 19(2): 103-125.

[23] BRESSLER S L, MENON V, 2010. Large-scale brain networks in cognition: emerging methods and principles [J]. Trends in cognitive sciences, 14(6): 277-290.

[24] BRYANT P, DUNFORD R, 2008. The influence of regulatory focus on risky decision-making [J]. Applied psychology, 57(2): 335-359.

[25] BUCHAN N R, JOHNSON E J, CROSON R T, 2006. Let's get personal: an international examination of the influence of communication,
culture and social distance on other regarding preferences [J]. Journal of economic behavior and organization, 60(3): 373-398.

[26] CAMERER C F, 1992. Recent tests of generalizations of expected utility theory [M]//Utility theories: measurements and applications. Dordrecht: Springer,

207-251.

[27] CAMERER C F, LOEWENSTEIN G, PRELEC D, 2005. Neuroeconomics: how neuroscience can inform economics[J]. Journal of economic literature, 43(1): 9-64.

[28] CAMERER C F, THALER R H, 1995. Anomalies: ultimatums, dictators and manners [J]. Journal of economic perspectives, 9(2): 209-219.

[29] CANESSA N, CRESPI C, MOTTERLINI M, et al., 2013. The functional and structural neural basis of individual differences in loss aversion [J]. Journal of neuroscience, 33(36): 14307-14317.

[30] CHAKRAVARTY S, HARRISON G W, HARUVY E E, et al., 2011. Are you risk averse over other people's money?[J]. Southern economic journal, 77(4): 901-913.

[31] CHAN H-Y, BOKSEM M, SMIDTS A, 2018. Neural profiling of brands: Mapping brand image in consumers' brains with visual templates[J]. Journal of marketing research, 55(4): 600-615.

[32] CHANDRAKUMAR D, FEUERRIEGEL D, BODE S, et al., 2018. Event-related potentials in relation to risk-taking: a systematic review[J]. Frontiers in behavioral neuroscience, (12): 111.

[33] CHANDRASEKHAR PAMMI V S, PILLAL G R P, KESAVADAS C, et al., 2015. Neural loss aversion

differences between depression patients and healthy individuals: a functional MRI investigation [J]. The neuroradiology journal, 28(2): 97-105.

[34] CHIB V S, DE MARTINO B, SHIMOJO S, et al., 2012. Neural mechanisms underlying paradoxical performance for monetary incentives are driven by loss aversion[J]. Neuron, 74(3): 582-594.

[35] CLARK L, BECHARA A, DAMASIO H, et al., 2008. Differential effects of insular and ventromedial prefrontal cortex lesions on risky decision-making [J]. Brain, 131(5): 1311-1322.

[36] COULL J T, 1998. Neural correlates of attention and arousal: insights from electrophysiology, functional neuroimaging and psychopharmacology [J]. Progress in neurobiology, 55(4): 343-361.

[37] CRAWFORD M T, MCCONNELL A R, LEWIS A C, et al., 2002. Reactance, compliance, and anticipated regret[J]. Journal of experimental social psychology, 38 (1): 56-63.

[38] CUTHBERT B N, SCHUPP H T, BRADLEY M M, et al., 2000. Brain potentials in affective picture processing: covariation with autonomic arousal and affective report [J]. Biological psychology, 52 (2): 95-111.

[39] DAVIES P, COATES G, HAMMERSLEY-FLETCHER

L, et al., 2005. When 'becoming a 50% school' is success enough: a principal-agent analysis of subject leaders' target setting [J]. School leadership and management, 25(5): 493-511.

[40] DAVIS J D, 1976. Self-disclosure in an acquaintance exercise: responsibility for level of intimacy[J]. Journal of personality and social psychology, 33(6): 787.

[41] DE MARTINO B, CAMERER C F, ADOLPHS R, 2010. Amygdala damage eliminates monetary loss aversion [J]. Proceedings of the national academy of sciences, 107(8): 3788-3792.

[42] DECETY J, LAMM C, 2007. The role of the right temporoparietal junction in social interaction: how low-level computational processes contribute to meta-cognition[J]. The neuroscientist, 13(6): 580-593.

[43] DENNY B T, KOBER H, WAGER T D, et al., 2012. A meta-analysis of functional neuroimaging studies of self-and other judgments reveals a spatial gradient for mentalizing in medial prefrontal cortex [J]. Journal of cognitive neuroscience, 24(8): 1742-1752.

[44] DICKHAUT J, MCCABE K, NAGODE J C, et al., 2003. The impact of the certainty context on the process of choice [J]. Proceedings of the national academy of sciences, 100(6): 3536-3541.

[45] DÖHNEL K, SCHUWERK T, MEINHARDT J, et al.,

2012. Functional activity of the right temporo-parietal junction and of the medial prefrontal cortex associated with true and false belief reasoning[J]. NeuroImage, 60 (3): 1652-1661.

[46] DOLAN R J, 2002. Emotion, cognition, and behavior [J]. Science, 298(5596): 1191-1194.

[47] DONCHIN E, COLES M G, 1988. Is the P300 component a manifestation of context updating? [J]. Behavioral and brain sciences, 11(3): 357-374.

[48] EDWARDS S M, LEE J K, FERLE C L, 2009. Does place matter when shopping online? Perceptions of similarity and familiarity as indicators of psychological distance [J]. Journal of interactive advertising, 10 (1): 35-50.

[49] ELLSBERG D, 1961. Risk, ambiguity, and the savage axioms[J]. The quarterly journal of economics: 643-669.

[50] ENGE S, FLEISCHHAUER M, BROCKE B, et al., 2008. Neurophysiological measures of involuntary and voluntary attention allocation and dispositional differences in need for cognition [J]. Personality and social psychology bulletin, 34(6): 862-874.

[51] FAN Y, HAN S, 2008. Temporal dynamic of neural mechanisms involved in empathy for pain: an event-related brain potential study [J]. Neuropsychologia, 46 (1): 160-173.

[52] FINKE M S, HUSTON S J, WINCHESTER D D, 2011. Financial Advice: who pays [J]. Journal of financial counseling and planning, 22(1): 18.

[53] FÖRSTER J, FRIEDMAN R S, LIBERMAN N, 2004. Temporal construal effects on abstract and concrete thinking: consequences for insight and creative cognition [J]. Journal of personality and social psychology, 87(2): 177.

[54] FÖRSTER J, HIGGINS E T, 2005. How global versus local perception fits regulatory focus [J]. Psychological science, 16(8): 631-636.

[55] FÖRSTER J, HIGGINS E T, BIANCO A T, 2003. Speed / accuracy decisions in task performance: built-in trade-off or separate strategic concerns? [J]. Organizational behavior and human decision processes, 90(1): 148-164.

[56] FÖRSTER J, HIGGINS E T, IDSON L C, 1998. Approach and avoidance strength during goal attainment: regulatory focus and the "goal looms larger" effect [J]. Journal of personality and social psychology, 75(5): 1115.

[57] FUJITA K, HENDERSON M D, ENG J, et al., 2006. Spatial distance and mental construal of social events [J]. Psychological science, 17(4): 278-282.

[58] GÄCHTER S, JOHNSON E J, HERRMANN A, 2007. Individual-level loss aversion in riskless and risky choices [J]. Working paper, CeDEx discussion paper 2007-02, The University of Nottingham.

[59] GARCIA-RETAMERO R, GALESIC M, 2012. Doc, what would you do if you were me? On self-other discrepancies in medical decision making[J]. Journal of experimental psychology: applied, 18(1): 38-51.

[60] GEHRING W J, WILLOUGHBY A R, 2002. The medial frontal cortex and the rapid processing of monetary gains and losses [J]. Science, 295 (5563): 2279-2282.

[61] GELSKOV S V, HENNINGSSON S, MADSEN K H, et al., 2015. Amygdala signals subjective appetitiveness and aversiveness of mixed gambles [J]. Cortex, 66: 81-90.

[62] GELSKOV S V, MADSEN K H, RAMSØY T Z, et al., 2016. Aberrant neural signatures of decision-making: pathological gamblers display cortico-striatal hypersensitivity to extreme gambles [J]. NeuroImage, 128: 342-352.

[63] GILBERT D T, MOREWEDGE C K, RISEN J L, et al., 2004. Looking forward to looking backward: the misprediction of regret [J]. Psychological science, 15 (5): 346-350.

[64]GLIMCHER P W, DORRIS M C, BAYER H M, 2005. Physiological utility theory and the neuroeconomics of choice [J]. Games and economic behavior, 52 (2): 213-256.

[65]GONZALEZ C, DANA J, KOSHINO H, et al., 2005. The framing effect and risky decisions: examining cognitive functions with fMRI[J]. Journal of economic psychology, 26(1): 1-20.

[66]GRANT H, HIGGINS E T, 2003. Optimism, promotion pride, and prevention pride as predictors of quality of life [J]. Personality and social psychology bulletin, 29 (12): 1521-1532.

[67]GRAY H M, AMBADY N, LOWENTHAL W T, et al., 2004. P300 as an index of attention to self-relevant stimuli[J]. Journal of experimental social psychology, 40 (2): 216-224.

[68]GREICIUS M D, KRASNOW B, REISS A L, et al., 2003. Functional connectivity in the resting brain: a network analysis of the default mode hypothesis [J]. Proceedings of the national academy of sciences, 100 (1): 253-258.

[69]GREICIUS M D, MENON V, 2004. Default-mode activity during a passive sensory task: uncoupled from deactivation but impacting activation [J]. Journal of cognitive neuroscience, 16(9): 1484-1492.

[70]GUTNIK L A, HAKIMZADA A F, YOSKOWITZ N A, et al., 2006. The role of emotion in decision-making: a cognitive neuroeconomic approach towards understanding sexual risk behavior [J]. Journal of biomedical informatics, 39(6): 720-736.

[71] HAJCAK G, HOLROYD C B, MOSER J S, et al., 2005. Brain potentials associated with expected and unexpected good and bad outcomes [J]. Psychophysiology, 42(2): 161-170.

[72] HARINCK F, VAN DIJK E, VAN BEEST I, et al., 2007. When gains loom larger than losses reversed loss aversion for small amounts of money[J]. Psychological science, 18(12): 1099-1105.

[73] HARRISON G W, 2008. Maximum likelihood estimation of utility functions using stata[J]. University of Central Florida, Working paper: 6-12.

[74]HASTIE R, 2001. Problems for judgment and decision making [J]. Annual review of psychology, 52 (1): 653-683.

[75] HASTIE R, DAWES R, 2010. Rational choice in an uncertain world: the psychology of judgment and decision making[M]. Thousand Oaks, CA: Sage.

[76]HE Q, SUN Q, SHI Z, et al., 2018. Effect of social distance on outcome evaluation in self-other decision-making: evidence from event-related potentials [J].

Neuroreport, 29(17): 1499-1503.

[77] HEATH C, TVERSKY A, 1991. Preference and belief: ambiguity and competence in choice under uncertainty [J]. Journal of risk and uncertainty, 4(1): 5-28.

[78] HIGGINS E T, 1997. Beyond pleasure and pain [J]. American psychologist, 52(12): 1280.

[79] HIGGINS E T, 1998. Promotion and prevention: regulatory focus as a motivational principle [J]. Advances in experimental social psychology, (30): 1-45.

[80] HIGGINS E T, 2002. How self-regulation creates distinct values: the case of promotion and prevention decision making[J]. Journal of consumer psychology, 12 (3): 177-191.

[81] HIGGINS E T, RONEY C J, CROWE E, et al., 1994. Ideal versus ought predilections for approach and avoidance distinct self-regulatory systems[J]. Journal of personality and social psychology, 66(2): 276.

[82] HILLYARD S A, MANGUN G R, WOLDORFF M G, et al., 1995. Neural systems mediating selective attention [M]// The cognitive neurosciences, Cambridge, Massachusetts: MIT Press, 665-681.

[83] HIPP J R, PERRIN A J, 2009. The simultaneous effect of social distance and physical distance on the formation of neighborhood ties[J]. City & community, 8 (1): 5-25.

[84] HOLROYD C B, COLES M G, 2002. The neural basis of human error processing: reinforcement learning, dopamine, and the error-related negativity [J]. Psychological review, 109(4): 679.

[85] HOYER W D, HERRMANN A, HUBER F, 2002. When buyers also sell: the implications of pricing policies for customer satisfaction [J]. Psychology & marketing, 19(4): 329-355.

[86] HSEE C K, WEBER E U, 1997. A fundamental prediction error: self-others discrepancies in risk preference [J]. Journal of experimental psychology: general, 126(1): 45.

[87] HSU M, BHATT M, ADOLPHS R, et al., 2005. Neural systems responding to degrees of uncertainty in human decision-making [J]. Science, 310(5754): 1680-1683.

[88] HSU M, KRAJBICH I, ZHAO C, et al., 2009. Neural response to reward anticipation under risk is nonlinear in probabilities [J]. Journal of neuroscience, 29(7): 2231-2237.

[89] HUETTEL S A, SONG A W, MCCARTHY G, 2005. Decisions under uncertainty: probabilistic context influences activation of prefrontal and parietal cortices [J]. Journal of neuroscience, 25(13): 3304-3311.

[90] HUETTEL S A, STOWE C J, GORDON E M, et al.,

2006. Neural signatures of economic preferences for risk and ambiguity[J]. Neuron, 49(5): 765-775.

[91] HYATT C J, CALHOUN V D, PEARLSON G D, et al., 2015. Specific default mode subnetworks support mentalizing as revealed through opposing network recruitment by social and semantic fMRI tasks [J]. Human brain mapping, 36(8): 3047-3063.

[92] IDSON L C, LIBERMAN N, HIGGINS E T, 2000. Distinguishing gains from nonlosses and losses from nongains: a regulatory focus perspective on hedonic intensity [J]. Journal of experimental social psychology, 36(3): 252-274.

[93] INESI M E, 2010. Power and loss aversion [J]. Organizational behavior and human decision processes, 112(1): 58-69.

[94] INMAN J J, ZEELENBERG M, 2002. Regret in repeat purchase versus switching decisions: the attenuating role of decision justifiability [J]. Journal of consumer research, 29(1): 116-128.

[95] IZARD C E, 1991. The psychology of emotions[M]. New York: Plenum.

[96] JAAKKOLA E, 2007. Purchase decision-making within professional consumer services: organizational or consumer buying behaviour? [J]. Marketing theory, 7 (1): 93-108.

[97] JAUK E, BENEDEK M, KOSCHUTNIG K, et al., 2017. Self-viewing is associated with negative affect rather than reward in highly narcissistic men: an fMRI study[J]. Scientific reports, 7(1): 5804.

[98] JUNG D, SUL S, KIM H, 2013. Dissociable neural processes underlying risky decisions for self versus other [J]. Frontiers in neuroscience, (7): 15.

[99] KADUSHIN C, 1962. Social distance between client and professional[J]. American journal of sociology, 67 (5): 517-531.

[100] KAHNEMAN D, DIENER E, SCHWARZ N, 1999. Well -being: foundations of hedonic psychology [M]. New York: Russell Sage Found.

[101] KAHNEMAN D, KNETSCH J L, THALER R H, 1990. Experimental tests of the endowment effect and the coase theorem[J]. Journal of political economy, 98 (6): 1325-1348.

[102] KAHNEMAN D, SLOVIC P, TVERSKY A, et al., 1982. Judgment under uncertainty: heuristics and biases [M]. Cambridge, England: Cambridge University Press.

[103] KAHNEMAN D, TVERSKY A, 1979. Prospect theory: an analysis of decision under risk[J]. Econometrica: journal of the econometric society, 47(2): 263-291.

[104] KAHNEMAN D, WAKKER P P, SARIN R, 1997.

Back to bentham? Explorations of experienced utility [J]. The quarterly journal of economics, 112 (2): 375-406.

［105］KANG P, LEE J, SUL S, et al., 2013. Dorsomedial prefrontal cortex activity predicts the accuracy in estimating others' preferences［J］. Frontiers in human neuroscience, (7): 686.

［106］KEIL A, BRADLEY M M, HAUK O, et al., 2002. Large-scale neural correlates of affective picture processing［J］. Psychophysiology, 39(5): 641-649.

［107］ KENNING P, PLASSMANN H, 2005. Neuroeconomics: An overview from an economic perspective［J］. Brain research bulletin, 67(5): 343-354.

［108］KERMER D A, DRIVER-LINN E, WILSON T D, et al., 2006. Loss aversion is an affective forecasting error［J］. Psychological science, 17(8): 649-653.

［109］KIM H, SCHNALL S, YI D-J, et al., 2013. Social distance decreases responders' sensitivity to fairness in the ultimatum game ［J］. Judgment and decision making, 8(5): 632-638.

［110］KLEIN-FLÜGGE M C, HUNT L T, BACH D R, et al., 2011. Dissociable reward and timing signals in human midbrain and ventral striatum［J］. Neuron, 72 (4): 654-664.

［111］KNETSCH J L, 1989. The endowment effect and

evidence of nonreversible indifference curves[J]. The American economic review, 79(5): 1277-1284.

[112] KNOCH D, PASCUAL-LEONE A, MEYER K, et al., 2006. Diminishing reciprocal fairness by disrupting the right prefrontal cortex [J]. Science, 314 (5800): 829-832.

[113] KNUTSON B, ADAMS C M, FONG G W, et al., 2001. Anticipation of increasing monetary reward selectively recruits nucleus accumbens[J]. Journal of neuroscience, 21(16): RC159.

[114] KNUTSON B, HUETTEL S A, 2015. The risk matrix [J]. Current opinion in behavioral sciences, (5): 141-146.

[115] KNUTSON B, RICK S, WIMMER G E, et al., 2007. Neural predictors of purchases [J]. Neuron, 53 (1): 147-156.

[116] KNUTSON B, TAYLOR J, KAUFMAN M, et al., 2005. Distributed neural representation of expected value[J]. Journal of neuroscience, 25(19): 4806-4812.

[117] KÖBBERLING V, WAKKER P P, 2005. An index of loss aversion[J]. Journal of economic theory, 122(1): 119-131.

[118] KRAWCZYK D C, 2002. Contributions of the prefrontal cortex to the neural basis of human decision making [J]. Neuroscience and biobehavioral

reviews, 26(6): 631-664.

[119] KRAWCZYK D C, D'ESPOSITO M, 2013. Modulation of working memory function by motivation through loss-aversion [J]. Human brain mapping, 34(4): 762-774.

[120] KRAY L, GONZALEZ R, 1999. Differential weighting in choice versus advice: I'll do this, you do that [J]. Journal of behavioral decision making, 12(3): 207-218.

[121] KRAY L J, 2000. Contingent weighting in self-other decision making [J]. Organizational behavior and human decision processes, 83(1): 82-106.

[122] KRINGELBACH M L, 2005. The human orbitofrontal cortex: Linking reward to hedonic experience [J]. Nature reviews neuroscience, 6(9): 691.

[123] KUHNEN C M, KNUTSON B, 2005. The neural basis of financial risk taking [J]. Neuron, 47 (5): 763-770.

[124] KVALØY O, ERIKSEN K, LUZURIAGA M. 2014. Risk-taking with other people's money [R]. Stavanger, Norway: University of Stavanger.

[125] KVALØY O, LUZURIAGA M, 2014. Playing the trust game with other people's money [J]. Experimental economics, 17(4): 615-630.

[126] LANG P J, BRADLEY M M, CUTHBERT B N, 1997. International affective picture system (IAPS):

technical manual and affective ratings [J]. NIMH Center for the study of emotion and attention, (1): 39-58.

[127] LANG P J, GREENWALD M K, BRADLEY M M, et al., 1993. Looking at pictures: affective, facial, visceral, and behavioral reactions [J]. Psychophysiology, 30(3): 261-273.

[128] LAUBER C, NORDT C, FALCATO L, et al., 2004. Factors influencing social distance toward people with mental illness[J]. Community mental health journal, 40 (3): 265-274.

[129] LEDOUX J, 1998. The emotional brain: the mysterious underpinnings of emotional life [M]. New York: Simon and Schuster.

[130] LEE A Y, KELLER P A, STERNTHAL B, 2009. Value from regulatory construal fit: the persuasive impact of fit between consumer goals and message concreteness[J]. Journal of consumer research, 36(5): 735-747.

[131] LEE V, HARRIS L, 2013. How social cognition can inform social decision making [J]. Frontiers in neuroscience, (7): 259.

[132] LEEKAM S, PERNER J, HEALEY L, et al., 2008. False signs and the non-specificity of theory of mind: evidence that preschoolers have general difficulties in

understanding representations [J]. British journal of developmental psychology, 26(4): 485-497.

[133] LEISER D, AZAR O H, HADAR L, 2008. Psychological construal of economic behavior [J]. Journal of economic psychology, 29(5): 762-776.

[134] LENG Y, ZHOU X, 2010. Modulation of the brain activity in outcome evaluation by interpersonal relationship: an ERP study [J]. Neuropsychologia, 48 (2): 448-455.

[135] LEONHARDT J M, KELLER L R, PECHMANN C, 2011. Avoiding the risk of responsibility by seeking uncertainty: responsibility aversion and preference for indirect agency when choosing for others [J]. Journal of consumer psychology, 21(4): 405-413.

[136] LEVIN I P, XUE G, WELLER J A, et al., 2012. A neuropsychological approach to understanding risk-taking for potential gains and losses [J]. Frontiers in neuroscience, (6): 15.

[137] LIBERMAN N, IDSON L C, HIGGINS E T, 2005. Predicting the intensity of losses vs. non-gains and non-losses vs. gains in judging fairness and value: a test of the loss aversion explanation [J]. Journal of experimental social psychology, 41(5): 527-534.

[138] LIBERMAN N, SAGRISTANO M D, TROPE Y, 2002. The effect of temporal distance on level of

mental construal [J]. Journal of experimental social psychology, 38(6): 523-534.

[139] LIBERMAN N, TROPE Y, 1998. The role of feasibility and desirability considerations in near and distant future decisions: a test of temporal construal theory [J]. Journal of personality and social psychology, 75(1): 5.

[140] LIBERMAN N, TROPE Y, WAKSLAK C, 2007. Construal level theory and consumer behavior [J]. Journal of consumer psychology, 17(2): 113-117.

[141] LICHTENSTEIN S, SLOVIC P, 1971. Reversals of preference between bids and choices in gambling decisions [J]. Journal of experimental psychology, 89 (1): 46.

[142] LISSEK S, PETERS S, FUCHS N, et al., 2008. Cooperation and deception recruit different subsets of the theory-of-mind network[J]. Plos one, 3(4): e2023.

[143] LIU D, MELTZOFF A N, WELLMAN H M, 2009. Neural correlates of belief- and desire-reasoning [J]. Child development, 80(4): 1163-1171.

[144] LIU H, WANG L, YAO M, et al., 2017. Self-other decision-making differences in loss aversion: a regulatory focus perspective [J]. Journal of applied social psychology, 47(2): 90-98.

[145] LIVIATAN I, TROPE Y, LIBERMAN N, 2008.

Interpersonal similarity as a social distance dimension: implications for perception of others' actions [J]. Journal of experimental social psychology, 44 (5): 1256-1269.

[146] LOOMES G, SUGDEN R, 1982. Regret theory: an alternative theory of rational choice under uncertainty [J]. The economic journal, 92(368): 805-824.

[147] LU J, SHANG X, LI B, 2018. Self-other differences in decision-making under risk [J]. Experimental psychology, 65(4): 226-235.

[148] LUCK S J, 2005. Ten simple rules for designing ERP experiments [M]// Event-related potentials: a methods handbook. Cambridge, Massachusetts: MIT Press, 17-32.

[149] LUCK S J, KAPPENMAN E S, 2011. The Oxford handbook of event-related potential components [M]. New York: Oxford University Press.

[150] MAGEE J C, SMITH P K, 2013. The social distance theory of power[J]. Personality and social psychology review, 17(2): 158-186.

[151] MAHY C E, MOSES L J, PFEIFER J H, 2014. How and where: theory-of-mind in the brain [J]. Developmental cognitive neuroscience, (9): 68-81.

[152] MASON M F, NORTON M I, VAN HORN J D, et al., 2007. Wandering minds: the default network and

stimulus-independent thought [J]. Science, 315 (5810):
393-395.

[153] MELLERS B A, 2000. Choice and the relative
pleasure of consequences [J]. Psychological bulletin,
126(6): 910.

[154] MENGARELLI F, MORETTI L, FARALLA V, et al.,
2014. Economic decisions for others: an exception to
loss aversion law[J]. Plos one, 9(1): e85042.

[155] MENON V, 2015. Salience network [M]//Brain
mapping: an encyclopedic reference. Academic Press:
Elsevier, 597-611.

[156] MENON V, UDDIN L Q, 2010. Saliency, switching,
attention and control: a network model of insula
function [J]. Brain structure and function, 214 (5-6):
655-667.

[157] METCALFE J, MISCHEL W, 1999. A hot/cool-system
analysis of delay of gratification: dynamics of
willpower[J]. Psychological review, 106(1): 3.

[158] MILLER E K, COHEN J D, 2001. An integrative
theory of prefrontal cortex function[J]. Annual review
of neuroscience, 24(1): 167-202.

[159] MILLER G A, GRATION G, YEE C M, 1988.
Generalized implementation of an eye movement
correction procedure [J]. Psychophysiology, 25 (2):
241-243.

[160] MILLS P K, MOSHAVI D S, 1999. Professional concern: managing knowledge-based service relationships [J]. International journal of service industry management, 10(1): 48-67.

[161] MOBBS D, TRIMMER P C, BLUMSTEIN D T, et al., 2018. Foraging for foundations in decision neuroscience: insights from ethology [J]. Nature reviews neuroscience, 19(7): 419.

[162] MOGILNER C, AAKER J L, PENNINGTON G L, 2007. Time will tell: the distant appeal of promotion and imminent appeal of prevention [J]. Journal of consumer research, 34(5): 670-681.

[163] MOLDEN D C, LEE A Y, HIGGINS E T, 2008. Motivations for promotion and prevention [M]// Handbook of motivation science. New York: Guilford Press, 169-187.

[164] MONTINARI N, RANCAN M, 2018. Risk taking on behalf of others: the role of social distance [J]. Journal of risk and uncertainty, 57(1): 81-109.

[165] MOREWEDGE C K, SHU L L, GILBERT D T, et al., 2009. Bad riddance or good rubbish? Ownership and not loss aversion causes the endowment effect[J]. Journal of experimental social psychology, 45 (4): 947-951.

[166] MORGAN H M, KLEIN C, BOEHM S G, et al.,

2008. Working memory load for faces modulates P300, N170, and N250r [J]. Journal of cognitive neuroscience, 20(6): 989-1002.

[167] MULDER L B, VAN DIJK E, WILKE H A, et al., 2005. The effect of feedback on support for a sanctioning system in a social dilemma: the difference between installing and maintaining the sanction [J]. Journal of economic psychology, 26(3): 443-458.

[168] NICOLLE A, KLEIN-FLÜGGE M C, HUNT L T, et al., 2012. An agent independent axis for executed and modeled choice in medial prefrontal cortex [J]. Neuron, 75(6): 1114-1121.

[169] NIEUWENHUIS S, ASTON-JONES G, COHEN J D, 2005. Decision making, the P3, and the locus coeruleus—norepinephrine system [J]. Psychological bulletin, 131(4): 510.

[170] NORTHOFF G, 2016. Is the self a higher-order or fundamental function of the brain? The "basis model of self-specificity" and its encoding by the brain's spontaneous activity [J]. Cognitive neuroscience, 7(1-4): 203-222.

[171] NOVEMSKY N, KAHNEMAN D, 2005. The boundaries of loss aversion [J]. Journal of marketing research, 42(2): 119-128.

[172] O'DOHERTY J, KRINGELBACH M L, ROLLS E T,

et al., 2001. Abstract reward and punishment representations in the human orbitofrontal cortex [J]. Nature neuroscience, 4(1): 95.

[173] PARK S-Y, MORTON C R, 2015. The role of regulatory focus, social distance, and involvement in anti -high-risk drinking advertising: a construal-level theory perspective [J]. Journal of advertising, 44 (4): 338-348.

[174] PATEL S H, AZZAM P N, 2005. Characterization of N200 and P300: selected studies of the event-related potential [J]. International journal of medical sciences, 2(4): 147.

[175] PAULUS M P, HOZACK N, ZAUSCHER B, et al., 2001. Prefrontal, parietal, and temporal cortex networks underlie decision-making in the presence of uncertainty[J]. NeuroImage, 13(1): 91-100.

[176] PAULUS M P, ROGALSKY C, SIMMONS A, et al., 2003. Increased activation in the right insula during risk -taking decision making is related to harm avoidance and neuroticism [J]. NeuroImage, 19 (4): 1439-1448.

[177] PENNINGTON G L, ROESE N J, 2003. Regulatory focus and temporal distance [J]. Journal of experimental social psychology, 39(6): 563-576.

[178] PERLOFF R M, 1993. Third-person effect research

1983—1992: a review and synthesis [J]. International journal of public opinion research, 5(2): 167-184.

[179] PERNER J, AICHHORN M, KRONBICHLER M, et al., 2006. Thinking of mental and other representations: the roles of left and right temporo-parietal junction [J]. Social neuroscience, 1 (3-4): 245-258.

[180] PERNER J, LEEKAM S, 2008. The curious incident of the photo that was accused of being false: issues of domain specificity in development, autism, and brain imaging [J]. The quarterly journal of experimental psychology, 61(1): 76-89.

[181] PICTON T, BENTIN S, BERG P, et al., 2000. Guidelines for using human event-related potentials to study cognition: recording standards and publication criteria[J]. Psychophysiology, 37(2): 127-152.

[182] PLASSMANN H, VENKATRAMAN V, HUETTEL S, et al., 2015. Consumer neuroscience: applications, challenges, and possible solutions [J]. Journal of marketing research, 52(4): 427-435.

[183] PLATT M L, HUETTEL S A, 2008. Risky business: the neuroeconomics of decision making under uncertainty[J]. Nature neuroscience, 11(4): 398.

[184] POLEZZI D, SARTORI G, RUMIATI R, et al., 2010. Brain correlates of risky decision-making [J].

NeuroImage, 49(2): 1886-1894.

[185] POLMAN E, 2012. Self-other decision making and loss aversion [J]. Organizational behavior and human decision processes, 119(2): 141-150.

[186] POLMAN E, WU K, 2019. Decision making for others involving risk: a review and meta-analysis [J]. Journal of economic psychology (forthcoming).

[187] POZHARLIEV R, VERBEKE W J, VAN STRIEN J W, et al., 2015. Merely being with you increases my attention to luxury products: using eeg to understand consumers' emotional experience with luxury branded products [J]. Journal of marketing research, 52 (4): 546-558.

[188] QU Y, GALVAN A, FULIGNI A J, et al., 2015. Longitudinal changes in prefrontal cortex activation underlie declines in adolescent risk taking [J]. Journal of neuroscience, 35(32): 11308-11314.

[189] RAGHUNATHAN R, PHAM M T, 1999. All negative moods are not equal: motivational influences of anxiety and sadness on decision making [J]. Organizational behavior and human decision processes, 79(1): 56-77.

[190] RANGEL A, CAMERER C, MONTAGUE P R, 2008. A framework for studying the neurobiology of value-based decision making [J]. Nature reviews

neuroscience, 9(7): 545.

[191] RAVIZZA S M, HAZELTINE E, RUIZ S, et al., 2011. Left TPJ activity in verbal working memory: Implications for storage- and sensory-specific models of short term memory[J]. NeuroImage, 55(4): 1836-1846.

[192] RICK S, 2011. Losses, gains, and brains: neuroeconomics can help to answer open questions about loss aversion [J]. Journal of consumer psychology, 21(4): 453-463.

[193] RICK S I, CRYDER C E, LOEWENSTEIN G, 2007. Tightwads and spendthrifts [J]. Journal of consumer research, 34(6): 767-782.

[194] RIGONI D, POLEZZI D, RUMIATI R, et al., 2010. When people matter more than money: an ERPs study [J]. Brain research bulletin, 81(4-5): 445-452.

[195] RUSSELL J A, BARRETT L F, 1999. Core affect, prototypical emotional episodes, and other things called emotion: dissecting the elephant[J]. Journal of personality and social psychology, 76(5): 805.

[196] RUSTICHINI A, 2005. Neuroeconomics: present and future [J]. Games and economic behavior, 52 (2): 201-212.

[197] RUSTICHINI A, DICKHAUT J, GHIRARDATO P, et al., 2005. A brain imaging study of the choice procedure[J]. Games and economic behavior, 52 (2):

257-282.

[198] RUTLEDGE R B, SKANDALI N, DAYAN P, et al., 2014. A computational and neural model of momentary subjective well-being [J]. Proceedings of the national academy of sciences, 111 (33): 12252-12257.

[199] RUTLEDGE R B, SKANDALI N, DAYAN P, et al., 2015. Dopaminergic modulation of decision making and subjective well-being [J]. Journal of neuroscience, 35(27): 9811-9822.

[200] SALMINEN S, 1995. Does pressure from the work community increase risk taking? [J]. Psychological reports, 77(3): 1247-1250.

[201] SAMANEZ-LARKIN G R, KUHNEN C M, YOO D J, et al., 2010. Variability in nucleus accumbens activity mediates age-related suboptimal financial risk taking[J]. Journal of neuroscience, 30(4): 1426-1434.

[202] SAMUELSON P A, 1977. St. Petersburg paradoxes: defanged, dissected, and historically described [J]. Journal of economic literature, 15(1): 24-55.

[203] SAMUELSON W, ZECKHAUSER R, 1988. Status quo bias in decision making[J]. Journal of risk and uncertainty, 1(1): 7-59.

[204] SANFEY A G, 2007. Decision neuroscience: new directions in studies of judgment and decision making

[J]. Current directions in psychological science, 16 (3): 151-155.

[205]SANFEY A G, RILLING J K, ARONSON J A, et al., 2003. The neural basis of economic decision-making in the ultimatum game[J]. Science, 300(5626): 1755-1758.

[206] SATO A, YASUDA A, OHIRA H, et al., 2005. Effects of value and reward magnitude on feedback negativity and P300[J]. Neuroreport, 16(4): 407-411.

[207] SAXE R, KANWISHER N, 2003. People thinking about thinking people: The role of the temporo-parietal junction in "theory of mind"[J]. NeuroImage, 19(4): 1835-1842.

[208] SAXE R, MORAN J M, SCHOLZ J, et al., 2006. Overlapping and non-overlapping brain regions for theory of mind and self reflection in individual subjects [J]. Social cognitive and affective neuroscience, 1(3): 229-234.

[209] SAXE R, WEXLER A, 2005. Making sense of another mind: the role of the right temporo-parietal junction[J]. Neuropsychologia, 43(10): 1391-1399.

[210] SAYMAN S, ÖNCÜLER A, 2005. Effects of study design characteristics on the WTA-WTP disparity: a meta analytical framework [J]. Journal of economic psychology, 26(2): 289-312.

[211] SCHLOSBERG H, 1954. Three dimensions of emotion [J]. Psychological review, 61(2): 81.

[212] SCHULREICH S, GERHARDT H, HEEKEREN H R, 2016. Incidental fear cues increase monetary loss aversion[J]. Emotion, 16(3): 402-412.

[213] SCHULTZ W, 2002. Getting formal with dopamine and reward[J]. Neuron, 36(2): 241-263.

[214] SCOTT A, VICK S, 1999. Patients, doctors and contracts: an application of principal - agent theory to the doctor - patient relationship [J]. Scottish journal of political economy, 46(2): 111-134.

[215] SEELEY W W, MENON V, SCHATZBERG A F, et al., 2007. Dissociable intrinsic connectivity networks for salience processing and executive control [J]. Journal of neuroscience, 27(9): 2349-2356.

[216] SEYMOUR B, DAW N, DAYAN P, et al., 2007. Differential encoding of losses and gains in the human striatum [J]. Journal of neuroscience, 27(18): 4826-4831.

[217] SHAH J, HIGGINS T, FRIEDMAN R S, 1998. Performance incentives and means: how regulatory focus influences goal attainment [J]. Journal of personality and social psychology, 74(2): 285.

[218] SHIV B, BECHARA A, LEVIN I, et al., 2005. Decision neuroscience [J]. Marketing letters, 16(3-4):

375-386.

[219] SINGER T, 2006. The neuronal basis and ontogeny of empathy and mind reading: review of literature and implications for future research [J]. Neuroscience & biobehavioral reviews, 30(6): 855-863.

[220] SINGER T, CRITCHLEY H D, PREUSCHOFF K, 2009. A common role of insula in feelings, empathy and uncertainty [J]. Trends in cognitive sciences, 13 (8): 334-340.

[221] SMITH K, DICKHAUT J, MCCABE K, et al., 2002. Neuronal substrates for choice under ambiguity, risk, gains, and losses [J]. Management science, 48 (6): 711-718.

[222] SMITH P K, TROPE Y, 2006. You focus on the forest when you're in charge of the trees: power priming and abstract information processing [J]. Journal of personality and social psychology, 90 (4): 578-596.

[223] SOKOL-HESSNER P, CAMERER C F, PHELPS E A, 2013. Emotion regulation reduces loss aversion and decreases amygdala responses to losses [J]. Social cognitive and affective neuroscience, 8(3): 341-350.

[224] SOKOL-HESSNER P, HSU M, CURLEY N G, et al., 2009. Thinking like a trader selectively reduces individuals' loss aversion [J]. Proceedings of the

national academy of sciences, 106(13): 5035-5040.

[225] SRIDHARAN D, LEVITIN D J, MENON V, 2008. A critical role for the right fronto-insular cortex in switching between central-executive and default-mode networks [J]. Proceedings of the national academy of sciences, 105(34): 12569-12574.

[226] STEFANUCCI J K, STORBECK J, 2009. Don't look down: Emotional arousal elevates height perception [J]. Journal of experimental psychology: general, 138 (1): 131.

[227] STEPHAN E, LIBERMAN N, TROPE Y, 2011. The effects of time perspective and level of construal on social distance [J]. Journal of experimental social psychology, 47(2): 397-402.

[228] STEYN C, DE KLERK J J, 2015. Serving up the self: role identity and burnout in client service environments [J]. SA journal of industrial psychology, 41(1): 1-12.

[229] STONE E R, YATES A J, CARUTHERS A S, 2002. Risk taking in decision making for others versus the self [J]. Journal of applied social psychology, 32(9): 1797-1824.

[230] STROMBACH T, WEBER B, HANGEBRAUK Z, et al., 2015. Social discounting involves modulation of neural value signals by temporoparietal junction [J].

Proceedings of the national academy of sciences, 112 (5): 1619-1624.

[231] SUI J, ENOCK F, RALPH J, et al., 2015. Dissociating hyper and hypoself biases to a core self-representation[J]. Cortex, 70: 202-212.

[232] SUI J, GU X, 2017. Self as object: emerging trends in self research[J]. Trends in neurosciences, 40(11): 643-653.

[233] SUI J, HUMPHREYS G W, 2013. The boundaries of self face perception: response time distributions, perceptual categories, and decision weighting [J]. Visual cognition, 21(4): 415-445.

[234] SUI J, HUMPHREYS G W, 2015. More of me! Distinguishing self and reward bias using redundancy gains [J]. Attention, perception & psychophysics, 77 (8): 2549-2561.

[235] SUI J, HUMPHREYS G W, 2017. The ubiquitous self: what the properties of self-bias tell us about the self [J]. Annals of the New York Academy of Sciences, 1396(1): 222-235.

[236] SUI J, LIU M, MEVORACH C, et al., 2013. The salient self: the left intraparietal sulcus responds to social as well as perceptual-salience after self-association[J]. Cerebral cortex, 25(4): 1060-1068.

[237] SUL S, TOBLER P N, HEIN G, et al., 2015. Spatial

gradient in value representation along the medial prefrontal cortex reflects individual differences in prosociality [J]. Proceedings of the national academy of sciences, 112(25): 7851-7856.

[238] SUN H, VERBEKE W J, POZHARLIEV R, et al., 2019. Framing a trust game as a power game greatly affects interbrain synchronicity between trustor and trustee[J]. Social neuroscience, (14): 635-648.

[239] SUN Q, LIU Y, ZHANG H, et al., 2017. Increased social distance makes people more risk-neutral[J]. The journal of social psychology, 157(4): 502-512.

[240] SUTTON S, BRAREN M, ZUBIN J, et al., 1965. Evoked-potential correlates of stimulus uncertainty[J]. Science, 150(3700): 1187-1188.

[241] SUZUKI S, HARASAWA N, UENO K, et al., 2012. Learning to simulate others' decisions[J]. Neuron, 74(6): 1125-1137.

[242] TABIBNIA G, SATPUTE A B, LIEBERMAN M D, 2008. The sunny side of fairness: preference for fairness activates reward circuitry (and disregarding unfairness activates self-control circuitry) [J]. Psychological science, 19(4): 339-347.

[243] THALER R, 1980. Toward a positive theory of consumer choice[J]. Journal of economic behavior and organization, 1(1): 39-60.

[244] THALER R H, 1999. Mental accounting matters [J]. Journal of behavioral decision making, 12(3): 183-206.

[245] THALER R H, JOHNSON E J, 1990. Gambling with the house money and trying to break even: the effects of prior outcomes on risky choice [J]. Management science, 36(6): 643-660.

[246] TODHUNTER I, 1949. A history of the mathematical theory of probability from the time of pascal to that of laplace [M]. New York: Chelsea Publishing Company (first edition 1865).

[247] TOM S M, FOX C R, TREPEL C, et al., 2007. The neural basis of loss aversion in decision-making under risk[J]. Science, 315(5811): 515-518.

[248] TROPE Y, LIBERMAN N, 2003. Temporal construal [J]. Psychological review, 110(3): 403.

[249] TROPE Y, LIBERMAN N, 2010. Construal-level theory of psychological distance [J]. Psychological review, 117(2): 440-463.

[250] TROPE Y, LIBERMAN N, WAKSLAK C, 2007. Construal levels and psychological distance: effects on representation, prediction, evaluation, and behavior [J]. Journal of consumer psychology, 17(2): 83-95.

[251] TVERSKY A, KAHNEMAN D, 1991. Loss aversion in riskless choice: a reference-dependent model [J]. The quarterly journal of economics, 106 (4): 1039-

1061.

[252] TVERSKY A, KAHNEMAN D, 1992. Advances in prospect theory: cumulative representation of uncertainty [J]. Journal of risk and uncertainty, 5 (4): 297-323.

[253] UDDIN L Q, 2015. Salience processing and insular cortical function and dysfunction [J]. Nature reviews neuroscience, 16(1): 55.

[254] VAN'T WOUT M, KAHN R S, SANFEY A G, et al., 2006. Affective state and decision-making in the ultimatum game [J]. Experimental brain research, 169 (4): 564-568.

[255] VAUBEL R, 2006. Principal-agent problems in international organizations [J]. The review of international organizations, 1(2): 125-138.

[256] VENKATRAMAN V, PAYNE J W, BETTMAN J R, et al., 2009. Separate neural mechanisms underlie choices and strategic preferences in risky decision making[J]. Neuron, 62(4): 593-602.

[257] VON NEUMANN J, MORGENSTERN O, 1944. the Theory of games and economic behavior [M]. Princeton: Princeton University Press.

[258] WAGNER U, HANDKE L, DÖRFEL D, et al., 2012. An experimental decision-making paradigm to distinguish guilt and regret and their self-regulating

function via loss averse choice behavior[J]. Frontiers in psychology, (3): 431.

[259] WAKSLAK C J, TROPE Y, LIBERMAN N, et al., 2006. Seeing the forest when entry is unlikely: probability and the mental representation of events[J]. Journal of experimental psychology: General, 135(4): 641-653.

[260] WANG L, SUN H, LI L, et al., 2018. Hey, what is your choice? Uncertainty and inconsistency enhance subjective anticipation of upcoming information in a social context [J]. Experimental brain research, 236 (10): 2797-2810.

[261] WANG L, ZHENG J, HUANG S, et al., 2015. P300 and decision making under risk and ambiguity [J]. Computational intelligence and neuroscience, 2015: e108417.

[262] WICKER B, KEYSERS C, PLAILLY J, et al., 2003. Both of us disgusted in my insula: the common neural basis of seeing and feeling disgust[J]. Neuron, 40(3): 655-664.

[263] WISE R A, 2002. Brain reward circuitry: insights from unsensed incentives[J]. Neuron, 36(2): 229-240.

[264] WONG K F E, KWONG J Y, 2005. Comparing two tiny giants or two huge dwarfs? Preference reversals owing to number size framing [J]. Organizational

behavior and human decision processes, 98(1): 54-65.

[265] WRAY L D, STONE E R, 2005. The role of self-esteem and anxiety in decision making for self versus others in relationships [J]. Journal of behavioral decision making, 18(2): 125-144.

[266] WU G, MARKLE A B, 2008. An empirical test of gain -loss separability in prospect theory [J]. Management science, 54(7): 1322-1335.

[267] WU H, LUO Y, FENG C, 2016. Neural signatures of social conformity: a coordinate-based activation likelihood estimation meta-analysis of functional brain imaging studies [J]. Neuroscience and biobehavioral reviews, (71): 101-111.

[268] WU Y, LELIVELD M C, ZHOU X, 2011. Social distance modulates recipient's fairness consideration in the dictator game: an ERP study [J]. Biological psychology, 88(2-3): 253-262.

[269] WU Y, ZHOU X, 2009. The P300 and reward valence, magnitude, and expectancy in outcome evaluation [J]. Brain research, (1286): 114-122.

[270] XUE G, LU Z, LEVIN I P, et al., 2010. The impact of prior risk experiences on subsequent risky decision-making: the role of the insula[J]. NeuroImage, 50(2): 709-716.

[271] YEUNG N, SANFEY A G, 2004. Independent coding

of reward magnitude and valence in the human brain [J]. Journal of neuroscience, 24(28): 6258-6264.

[272] YOUNG L, CAMPRODON J A, HAUSER M, et al., 2010. Disruption of the right temporoparietal junction with transcranial magnetic stimulation reduces the role of beliefs in moral judgments[J]. Proceedings of the national academy of sciences, 107(15): 6753-6758.

[273] YU R, HU P, ZHANG P, 2015. Social distance and anonymity modulate fairness consideration: an ERP study[J]. Scientific reports, (5): 13452.

[274] YU R, ZHOU X, 2006a. Brain potentials associated with outcome expectation and outcome evaluation[J]. Neuroreport, 17(15): 1649-1653.

[275] YU R, ZHOU X, 2006b. Brain responses to outcomes of one's own and other's performance in a gambling task[J]. Neuroreport, 17(16): 1747-1751.

[276] YU R, ZHOU X, 2009. To bet or not to bet? The error negativity or error-related negativity associated with risk-taking choices [J]. Journal of cognitive neuroscience, 21(4): 684-696.

[277] YUAN J, ZHANG Q, CHEN A, et al., 2007. Are we sensitive to valence differences in emotionally negative stimuli? Electrophysiological evidence from an ERP study[J]. Neuropsychologia, 45(12): 2764-2771.

[278] YUEN K S, LEE T M, 2003. Could mood state affect risk-taking decisions? [J]. Journal of affective disorders, 75(1): 11-18.

[279] ZHANG X, LIU Y, CHEN X, et al., 2017. Decisions for others are less risk-averse in the gain frame and less risk-seeking in the loss frame than decisions for the self[J]. Frontiers in psychology, (8): 1601.

[280] ZHOU Z, YU R, ZHOU X, 2010. To do or not to do? Action enlarges the FRN and P300 effects in outcome evaluation [J]. Neuropsychologia, 48 (12): 3606-3613.

[281] 艾福娇,陈秀兰,2010.后悔心理的研究综述[J].学理论, (3):4-5.

[282] 边慎,蔡志杰,2005.期望效用理论与前景理论的一致性 [J].经济学(季刊),5(1):265-276.

[283] 蔡明,2010.择业的偏好反转[J].科协论坛(下半月),(5): 122-123.

[284] 蔡荣华,任梦梦,张文洁,2018.正性情绪对内隐多效性选择的影响:来自ERP的证据[J].社会科学前沿,7(7):968.

[285] 付超,张振,何金洲,等,2018.普遍信任博弈决策的动态过程——来自脑电时频分析的证据[J].心理学报,50 (3):317-326.

[286] 甘甜,罗跃嘉,张志杰,2009.情绪对时间知觉的影响[J]. 心理科学,(4):836-839.

[287] 高利苹,李纾,时勘,2006.从对框架效应的分析看风险决

策的神经基础[J].心理科学进展,14(6):859-865.

[288]黄淳,于泽,李彬,2005.不确定经济学对风险偏好的认识
[J].教学与研究,(4):54-59.

[289]黄俊,李晔,张宏伟,2015.解释水平理论的应用及发展
[J].心理科学进展,23(1):110-119.

[290]季爱民,2007.阿莱斯悖论:对主观期望效用理论的挑战
[J].安徽大学学报(哲学社会科学版),31(5):43-46.

[291]金立印,邹德强,2009.定制化购买情境下的消费者决策
研究综述与展望[J].外国经济与管理,31(6):32-41.

[292]李浩,马庆国,董欣,2016.神经组织学:概念解析、理论发
展和研究展望[J].管理世界,(8):164-173.

[293]李涛,2006.社会互动与投资选择[J].经济研究,41(8):
45-57.

[294]廖冲,陆娟芝,古若雷,等,2019.预期焦虑对面孔表情加
工的影响[J].心理科学,42(2):258-264.

[295]刘欢,梁竹苑,李纾,2009.行为经济学中的损失规避[J].
心理科学进展,17(4):788-794.

[296]刘腾飞,徐富明,张军伟,等,2010a.安于现状偏差的心理
机制、影响因素及应用启示[J].心理科学进展,18(10):
1636-1643.

[297]刘腾飞,徐富明,张军伟,等,2010b.禀赋效应的心理机制
及其影响因素[J].心理科学进展,18(4):646-654.

[298]刘长江,李纾,2007.神经经济学:迈向脑科学的决策科学
[J].心理科学,30(2):482-484.

[299]马庆国,王小毅,2006a.从神经经济学和神经营销学到神

经管理学[J].管理工程学报,20(3):129-132.

[300]马庆国,王小毅,2006b.认知神经科学、神经经济学与神经管理学[J].管理世界,(10):139-149.

[301]饶育蕾,张轮,2005.行为金融学[M].上海:复旦大学出版社.

[302]沈强,2011.基于决策神经科学的风险决策机制研究[D/OL].杭州:浙江大学.

[303]史永东,李竹薇,陈炜,2009.中国证券投资者交易行为的实证研究[J].金融研究,(11):129-142.

[304]孙昊野,2019.社会距离视角下的损失厌恶差异及其形成机制[D].杭州:浙江大学.

[305]汪蕾,林志萍,马庆国,2009.神经经济学:经济决策研究的新视角[J].经济学家,3(3):97-99.

[306]汪蕾,陆强,沈翔宇,2013.情绪唤醒度如何影响不确定性决策——基于决策偏好的视角[J].管理工程学报,(4):16-21.

[307]汪蕾,沈翔宇,林志萍,2010.基于决策神经科学的风险决策与含糊决策研究进展[J].东南大学学报(医学版),(4):473-476.

[308]王首元,2017.圣彼得堡悖论新解——比例效用理论溯源经典[J].西安交通大学学报(社会科学版),37(6),9-17.

[309]武瑞娟,李东进,2010.消费者后悔研究评述[J].现代管理科学,1:10-12.

[310]许雷平,杭虹利,王方华,2012.长期倾向调节聚焦量表述评[J].心理科学,35(1):213-219.

[311]叶航,汪丁丁,贾拥民,2007.科学与实证———一个基于"神经元经济学"的综述[J].经济研究,42(1):132-142.

[312]余荣军,周晓林,2007.神经经济学:打开经济行为背后的"黑箱"[J].科学通报,52(9):992-998.

[313]张海峰,张维,熊熊,等,2011.损失厌恶对金融市场的作用机制探究[J].西南交通大学学报(社会科学版),(5):68-72.

[314]张慧,陆静怡,谢晓非,2014.解释水平导致的自己-他人决策差异[J].北京大学学报(自然科学版),50(6):1124-1132.

[315]周晓宏,马庆国,陈明亮,2009.神经管理学及其相关研究[J].中国科技论坛,7(6):100-104.

[316]朱琪,陈乐优,2007.神经经济学和神经管理学的前沿[J].经济学家,4(4):26-30.